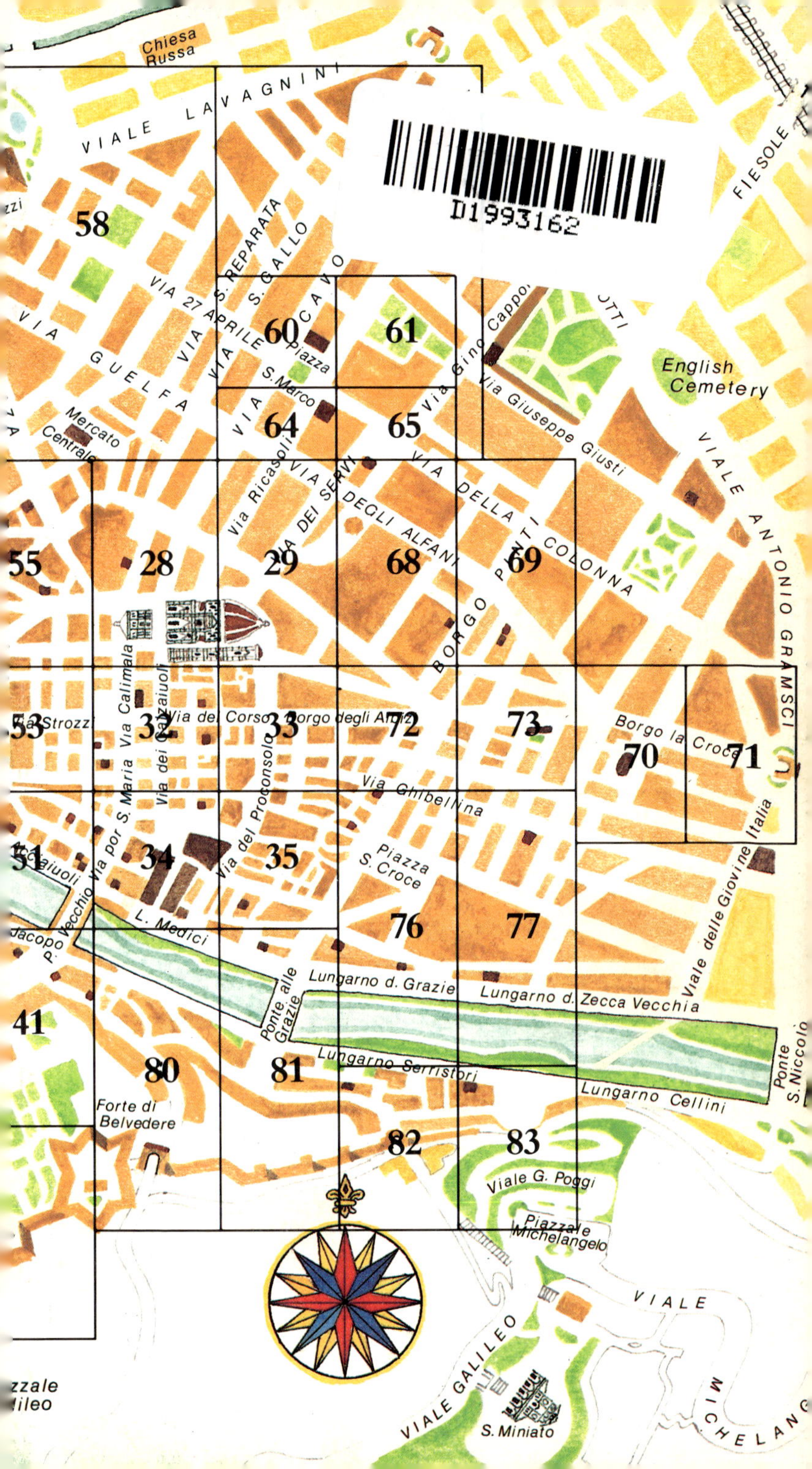
Chiesa Russa
VIALE LAVAGNINI
VIA 27 APRILE
VIA S. REPARATA
VIA S. GALLO
VIA CAVOUR
VIA GUELFA
Piazza S. Marco
VIA Ricasoli
Via Gino Capponi
VIA DEI SERVI
VIA DEGLI ALFANI
VIA DELLA COLONNA
BORGO PINTI
Via Giuseppe Giusti
English Cemetery
FIESOLE
VIALE ANTONIO GRAMSCI
Mercato Centrale
Via Calimala
Via dei Calzaiuoli
Via del Corso
Borgo degli Albizi
Via S. Maria
Via del Proconsolo
Via Ghibellina
Borgo la Croce
Piazza S. Croce
Via por S. Maria
P. Vecchio
L. Medici
Ponte alle Grazie
Lungarno d. Grazie
Lungarno d. Zecca Vecchia
Viale delle Giovine Italia
Lungarno Serristori
Lungarno Cellini
Ponte S. Niccolò
Forte di Belvedere
Viale G. Poggi
Piazzale Michelangelo
VIALE GALILEO
S. Miniato
58
60
61
64
65
55
28
29
68
69
53
32
33
72
73
70
71
51
34
35
76
77
41
80
81
82
83

JOHN KENT

FLORENZ & SIENA

Knaurs illustrierter Städteführer

Aus dem Englischen
von Maria Paukert

DROEMER KNAUR

Für Nina, die Florenz liebt,
aber nie Zeit hat, dorthin zu fahren.

Besonderer Dank gilt Linda Martelli
für ihre Hilfe beim Kapitel »Küche«.

Titel der englischen Originalausgabe »John Kent's Florence & Siena«

Satzarbeiten Compusatz GmbH, München
Printed in Italy
2 4 5 3 1
ISBN 3-426-26415-3

Inhaltsverzeichnis

FLORENZ

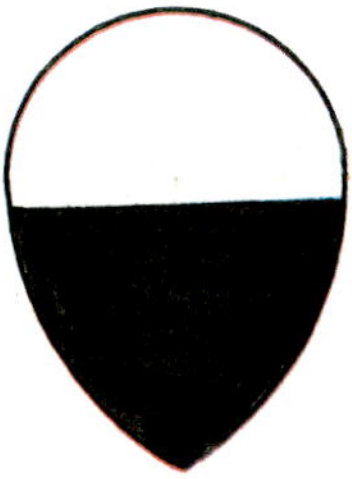

SIENA

Anmerkung: Die Öffnungszeiten von Museen und Kunstgalerien können von den angegebenen Zeiten abweichen. Manche Galerien können kurzzeitig wegen Renovierung geschlossen sein.

Geschichte

Die Florentiner haben es mit nahezu allen Regierungsformen versucht. Die erste führte Julius Cäsar ein, der während der Blumenspiele des Jahres 59 v. Chr. an der engsten Stelle des Arno *Florentia* gründete, das schon bald eine erste Blütezeit erlebte. Unter den Langobarden herrschten dann Gewalt und Willkür. Karl der Große schuf die Mark Toskana (Tuszien), deren Besitz erblich war. Als jedoch 1115 der letzte Markgraf starb, ohne einen Erben zu hinterlassen, wurde Florenz eine freie Stadt. Die Bürger nahmen das antike Rom zum Vorbild und wählten vier Konsuln. Parteistreitigkeiten unter den Adelsfamilien führten 1207 zum Ende dieser Regierungsform. Die Regierungsgewalt lag von nun an in den Händen eines einzigen Regenten, des *Podestà*, bei dem es sich um einen Auswärtigen handelte, der über den Parteien stand und nur für ein Jahr gewählt wurde.

1198 brach im fernen Deutschland zwischen zwei Familien ein Streit um den Kaiserthron aus, der auch ganz Norditalien zum Kriegsschauplatz machte. Die Florentiner Adligen nannten sich Ghibellinen, nach Waiblingen, der Heimatstadt der Hohenstaufen-Kaiser, während die Kaufleute und der Papst die Welfen (Guelfen) unterstützten. 1248 vertrieben die Ghibellinen die Guelfen und zerstörten ihre Wohnhäuser. Ihre Regierung wurde jedoch bald durch das einfache Volk gestürzt, das seinerseits die Guelfen zurückholte. Zusammen schufen sie 1215 den *Primo Popolo*.

Innerhalb dieser Regierung dominierten die Kaufmannsgilden, die während der folgenden 200 Jahre in der Stadt das Sagen hatten. Ausnahmen bilden das Jahr 1342, als der Herzog von Athen zum Signore auf Lebenszeit ernannt, aber bereits ein Jahr später wieder vertrieben wurde, und das Jahr 1378, als nach dem Aufstand der Ciompi die Macht für sechs Wochen in den Händen der Arbeiter lag. 1434 hatte sich innerhalb der Oligarchie der Einfluß der Medici durchgesetzt. Cosimo regierte dreißig Jahre lang von seinem Wohnsitz aus, indem er einfach nur die Fäden zog. Ihm folgten sein Sohn Piero und sein Enkel Lorenzo. 1494 führte Savonarola eine Verfassung ein, die sich am venezianischen Modell orientierte. 1513 kehrten die Medici zurück und wurden schließlich sogar Großherzöge der Toskana. Die absolutistische Herrschaftsform blieb bis 1860 bestehen, als die Toskana zu Italien kam.

Als Giovanni di Bicci de' Medici 1413 Bankier des Papstes wurde, war der Grundstock für seinen Reichtum gelegt. Um ihn zu sichern, gründete er eine geheime politische Partei. Als er 1429 starb, war er der reichste Privatmann der Welt. Sein Sohn Cosimo (genannt il Vecchio, der Ältere) benutzte das Vermögen und die Partei, um sich für dreißig Jahre de facto zum Herrscher von Florenz zu machen, wobei er jedoch peinlichst darauf achtete, auch weiterhin als Privatmann zu gelten. Er profilierte sich als Mäzen (als einer der ersten erkannte er, daß ein Künstler stets sich selbst zeichnet) und förderte, auch durch seine Vorliebe für die alten lateinischen Klassiker, die Bildung eines intellektuellen Klimas in der Stadt. Auf Initiative Cosimos kam 1438 das ökumenische Konzil in Florenz zusammen, auf dem man versuchte, die Spaltung der lateinischen und griechischen Kirchen zu kitten. Das gelang nicht, aber das Konzil entpuppte sich als gutes Geschäft für die Stadt, in die zahlreiche griechische Gelehrte mit ihren Manuskripten strömten. Als Cosimo 1464 starb, ließ er sich einen von Platos Dialogen vortragen. Die *Signoria* verlieh ihm einen Titel, den einst Cicero getragen hatte: Pater Patriae, Vater des Vaterlandes.

Durch sein Beispiel und durch eine entsprechende Erziehung bereitete Cosimo seinen Sohn Piero (genannt der Gichtige) und seinen Enkel Lorenzo (genannt il Magnifico, der Prächtige) auf die Macht vor. Pieros Herrschaft währte nur fünf Jahre, und Lorenzo wurde mit nur zwanzig Jahren von der Partei der Medici ausersehen, die Stadt zu regieren. Er akzeptierte mit der Bemerkung, daß es sich in Florenz für die Reichen schlecht leben ließe – es sei denn, sie beherrschten den Staat. Er besaß ein einnehmendes Wesen und einen scharfen Intellekt und gilt als einer der größten Dichter seiner Zeit. Seine Verse finden sich heute in allen italienischen Anthologien. Unter seiner Ägide entwickelte sich Florenz zur intellektuellen Hauptstadt Europas. Lorenzo war jedoch ein schlechter Geschäftsmann. Unter seiner Verwaltung sanken die Guthaben der familieneigenen Bank, und er konnte keine Kunstwerke in Auftrag geben. So empfahl er Künstler an Freunde und andere Regenten. Als Lorenzo 1492 starb, bedeutete dies auch das Ende des Humanismus in Florenz. Sein unfähiger Sohn Piero wurde aus der Stadt vertrieben – aber die Medici kehrten schließlich als Herzöge zurück. Katharina de' Medici soll die französische Küche beeinflußt haben, und Francesco I. begründete in den Uffizien die erste systematisch aufgebaute Kunstsammlung der Welt.

Die Renaissance

Die Renaissance, während der das Interesse der Menschen am Menschen neu erwachte, beendete eine tausend Jahre währende Epoche, in der Kunstwerke einzig zum Ruhme Gottes geschaffen worden waren. In den Sittenstücken und den byzantinischen Kunstwerken war der Mensch ohne Bedeutung gewesen. Giotto leitete in Florenz einen Umschwung ein. Die Intensität und Wirklichkeitsnähe der von ihm gemalten »echten« Menschen sprach die Menschen an. Dante schrieb in seiner »Göttlichen Komödie« als erster über den freien Willen des Menschen. Dabei bediente er sich nicht des schwerfälligen Kirchenlateins, sondern des Italienischen, der Sprache des einfachen Mannes. Boccaccios Ruhm gründet sich auf die Realitätsnähe der Geschichten seines »Decamerone«, des ersten klassischen italienischen Prosastücks. Er war ein Freund und Bewunderer des populären Dichters Petrarca, dessen ganze Liebe dem klassischen Latein von Vergil und Cicero gehörte. Petrarca stellte als erster rückblickend fest, daß zwischen der Antike und seiner eigenen Zeit ein »dunkles Zeitalter« lag. Ihm gelang es auch, den alten Klassikern zu so großer neuer Popularität zu verhelfen, daß das Studium alter Texte in Florenz regelrecht in Mode kam. Dabei erkannten viele reiche Kaufleute, daß Ausbildung und Erziehung nicht nur die Voraussetzungen für eine Karriere waren, sondern den ganzen Menschen formten – den Menschen der Renaissance. Man nannte das Ganze »neue Bildung«, und der erste, der sie erwarb, war Cosimo de' Medici. Er gab 1430 bei Donatello den *David* in Auftrag – das erste lebensgroße freistehende Abbild eines unbekleideten Mannes seit der Antike. Anders als auf einem Fries, konnte man hier die Darstellung des menschlichen Körpers von mehreren Seiten betrachten.

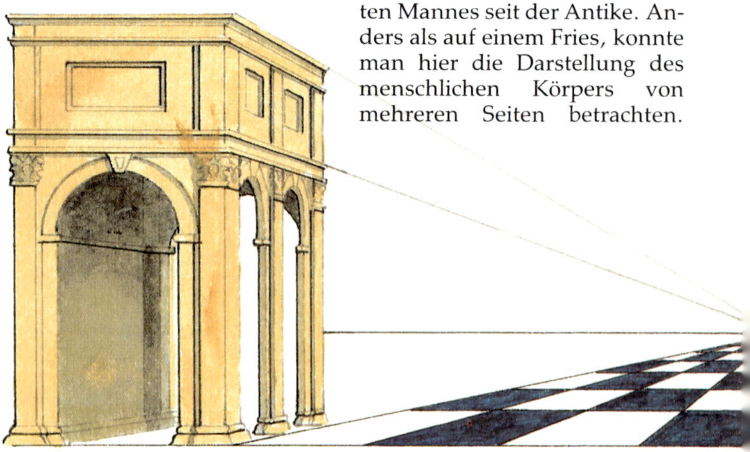

und die Medici

Die Erfindung bzw. Entdeckung der Perspektive schreibt man Brunelleschi zu, der als Goldschmied, Bildhauer, Maler und Baumeister arbeitete und u. a. die Kuppel des Florentiner Doms schuf. Diese neue Entdeckung machte sich als erster Masaccio zunutze – er schuf in S. Maria del Carmine und in S. Maria Novella Fresken, die das Interesse und die Bewunderung aller Künstler der damaligen Zeit erregten.
Als einer der ersten behandelte Cosimo de' Medici Künstler mit Respekt. »Sie sind keine Vagabunden«, pflegte er zu sagen und fand stets Arbeit für Donatello, Filippo Lippi und andere. Er sprach mehrere Sprachen und besaß eine ausgezeichnete Allgemeinbildung. »Was er nicht weiß«, schrieb Pius II., »das liegt außerhalb des menschlichen Erkenntnisbereichs«. Cosimos Leidenschaft war die Philosophie, und er schätzte besonders Plato. Deshalb beauftragte er Marsilio Ficino, die Werke des Griechen ins Lateinische zu übersetzen.

Cosimos Vater hatte drei Bücher besessen, seine eigene Bibliothek, die sein Enkel Lorenzo noch aufstockte, umfaßte 10 000 Bände. Lorenzo teilte auch die Vorliebe seines Großvaters für Plato, dessen Geburtstag alljährlich am 7. November mit einem Bankett gefeiert wurde. Lorenzo war ein begabter Dichter und hatte viel Humor. So schrieb er ein Gedicht über seinen Freund »Alter Faßbauch« (Botticelli), der in seinem Haus lebte, wie auch Leonardo da Vinci und zwei Jahre lang der junge Michelangelo. Die Ironie des Schicksals wollte, daß Michelangelos *David* in Auftrag gegeben wurde, um den Fall dieses Hauses zu feiern. Der Begriff Renaissance (Rinascita) wurde von Giorgio Vasari geprägt und erläutert, der glaubte, ihren Höhepunkt zu erleben, aber auch bereits den beginnenden Niedergang sah.

Cosimo il Vecchio

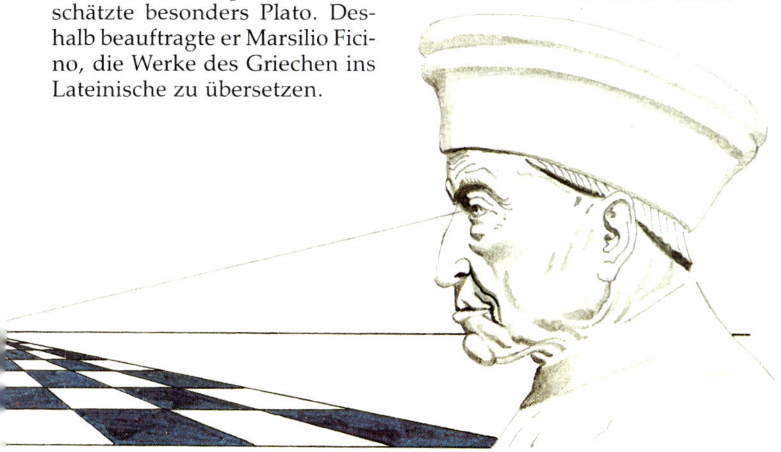

Die Küche

Als Katharina de' Medici 1533 mit ihrem Troß, dem auch ein ganzer Stab von Köchen angehörte, nach Frankreich aufbrach, galt die Küche der Medici als die beste Europas. Heutzutage bereitet man die besten toskanischen Gerichte in den Privathaushalten zu, aber auch viele Restaurants führen die klassischen Spezialitäten auf ihren Speisekarten.
Die wichtigste Zutat für toskanische Speisen ist das Olivenöl, das auch für bestimmte Süßspeisen Verwendung findet. Das seltenste und auch teuerste Olivenöl, Olio di Prima Spremitura aus Lucca, wird noch mit der alten Steinpresse gewonnen. Die besten maschinengepreßten Öle teilt man in vier Kategorien: Extravergine, Sopraffino Vergine, Fino Vergine und Vergine.

Antipasti

Crostini
Kleine getoastete Weißbrotscheiben. Man serviert sie heiß, bestrichen mit Hühnerleberpastete oder einer Mischung aus Tomaten und zerkleinerten Pfefferschoten.

Fagiolo con Tonno
Man nennt die Toskaner auch mangiafagioli, Bohnenesser, da sie eine besondere Vorliebe für weiße Bohnen haben, die erstmals unter Alessandro de' Medici in Mode kamen. Hier serviert man sie mit Thunfisch, gehackten Zwiebeln, Petersilie und Olivenöl und würzt mit frisch gemahlenem schwarzem Pfeffer.

Antipasti Misto
Hierzu gehören Salame toscano, Salumi, Schinken (prosciutto) und ein oder zwei Crostini.

Prosciutto di Cinghiale
Ein im Geschmack intensiver Wildschweinschinken. Normalerweise serviert man Schinken mit Melone oder mit frischen Feigen.

Primi Piatti

Minestrone di Verdura
Die berühmte Gemüsesuppe.

Zuppa di Verdura
Hauptnahrungsmittel in der Toskana waren nicht Nudeln, Reis oder Polenta, sondern Brot. Bei diesem Gericht, einer Gemüsesuppe, serviert man die Suppe über eine Scheibe Toastbrot, die mit Knoblauch eingerieben wurde.

Minestra di Fagioli
Suppe mit weißen Bohnen.

Tortino di Carciofi
Omelette mit Artischockenherzen.

Porcini alla Griglia
In der Toskana gibt es über 200 Pilzarten. Der größte ist der porcino (Steinpilz), der hier mit Olivenöl bepinselt und gegrillt wird.

Frittura di Spinaci
Omelette mit Spinat.

Risotto alla Fiorentina
Es werden fast zu gleichen Teilen Reis und Fleisch verwendet.

Panzanella
Ein delikater Brotsalat mit Tomaten, Zwiebel, Basilikum, Olivenöl, Salz und Pfeffer.

Pasta
Es gibt nicht viele Nudelsorten. Bavette ähneln Spaghetti und Pappardelle Tagliatelle.

Secondi Piatti

Bistecca alla Fiorentina
Die Florentiner T-Bone-Steaks kommen von einer alten, schneeweißen Rinderrasse, den Chianina-Rindern aus dem Val di Chiana. Ein zweijähriger Bulle kann bis zu einer Tonne wiegen, das Fleisch ist für seine Zartheit berühmt. Man grillt es über einem aromatischen Holzfeuer und würzt mit Salz, Pfeffer und Olivenöl.

Vitello Arrosto
Gebratenes Kalbfleisch von den Kälbern aus dem Val di Chiana.

Arista Fiorentina
Gebratener Schweinerücken, den die Bischöfe der griechisch-orthodoxen Kirche 1438 als *aristos* (ausgezeichnet) lobten.

Costata alle Fiorentina
Entrecôte oder Rippenstück.

Trippa alla Fiorentina
Kutteln, geschmort mit Zwiebeln und Sellerie, serviert in Tomatensauce.

Pollo alla Brace
Huhn, über dem offenen Feuer zubereitet und gewürzt mit Salbei und Knoblauch.

Trote alla Griglia
Gegrillte Forelle.

Stracotto
Geschmortes Rindfleisch. Der Name bedeutet »zu lange gekocht«, es ist also ziemlich zart.

Anguilla alla Fiorentina
Aal mit Erbsen und Tomaten.

Cinghiale
Wildschweinfleisch. Früher nur während der Jagdsaison erhältlich, heute werden die Tiere gezüchtet.

Contorni

Spinaci
Gekochter Spinat, der mit Olivenöl, Zitronensaft und Pfeffer serviert wird.

Fagioli Bianchi
Weiße Bohnen mit Öl und Zitronensaft.

Fagioli all'Uccelletto
Bohnen mit Tomaten, Knoblauch und Salbei.

Piselli con Prosciutto
Erbsen mit Speck.

Dolci (Süßspeisen)

Panforte di Siena
Ein herrlicher Kuchen mit kandierten Früchten, Mandeln und Honig.

Die Weine

Im 13. Jh. wurde ein Grenzstreit zwischen Florenz und Siena beigelegt, indem man übereinkam, beim ersten Hahnenschrei aus jeder Stadt einen Reiter zu entsenden. Die Stelle, an der sie zusammentreffen würden, sollte die neue Grenze markieren.
Der Florentiner Hahn, ein halb verhungertes, schwarzes Federvieh, krähte viel früher als sein wohlgenährter Artgenosse in Siena. So trafen sich die beiden Reiter, nachdem der Florentiner bereits dreiviertel der Strecke zurückgelegt hatte. In diesem Gebiet lagen die Städte Castellina, Radda und Gaiole. Und hier bildete sich im 13. Jh. unter dem Schutz von Florenz die »Chianti-Liga« (zum ersten Mal wird hier nachweislich die Bezeichnung gebraucht), die in ihrem Wappen einen schwarzen Hahn (gallo nero) führt.
Baron Ricasoli entwickelte den Chianti, der heute laut Gesetz zu 75–90 Prozent aus Sangiovesetrauben besteht, verschnitten mit Canaisolotrauben und zwei weißen Sorten, Malvasia und Trebbiano. Früher verkaufte man den jungen Chianti in der berühmten »Strohflasche«, deren Herstellung heute jedoch zu teuer kommt. Ein *vecchio* muß zwei, ein *riserva* drei Jahre gealtert sein. Das *governo*-System der sekundären (zweiten) Gärung macht junge Weine *frizzante* (prickelnd).

*Colline Pisane (Chianti)**

Schmeckt am besten jung.

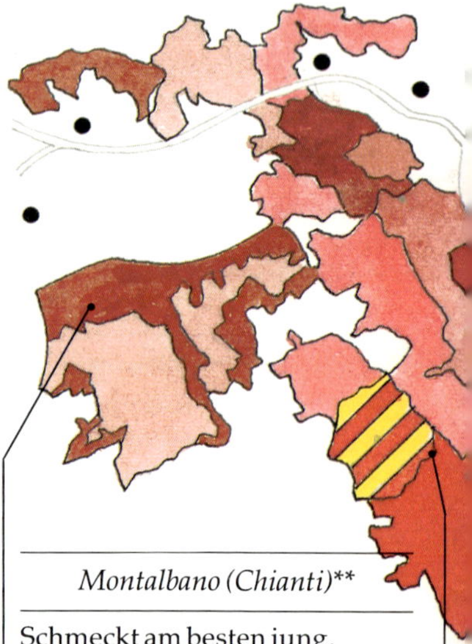

*Montalbano (Chianti)***

Schmeckt am besten jung.
PRODUZENTEN:
Artimino, Il Poggiolo, Baccherato, Tenuta di Capezzana.

*Vernaccia di S. Gimignano****

Ein Weißwein, von dem Michelangelo sagte, er küsse, lecke, beiße, kitzle und steche.
PRODUZENTEN:
Pietrafitta, Monte Oliveto, La Torre, Il Palagio.

*Chianti Classico****

Die meisten, aber nicht alle Produzenten gehören zum Gallo-Nero-Konsortium.
PRODUZENTEN:
Monsanto, Capannelle, Ruffino, Villa Antinori, Castelgreve, Melini, Cispiano, Badia a Coltibuono, Montagliari, Villa Caffagio, Brolio, Castellare, Castello di Ama, Villa Cerna.

der Toskana

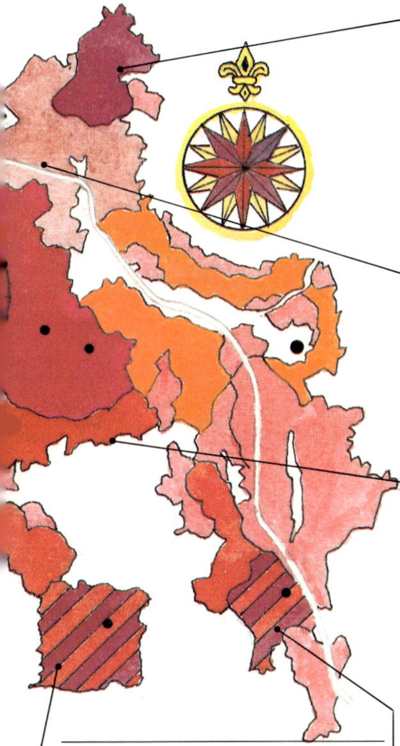

*Rufina (Chianti)****

In diesem Gebiet entstehen Weine der höchsten Qualitätsklasse.
PRODUZENTEN:
Frescobaldi, Montesodi, Poggio Reale, Villa di Monte, Nippozzano, Selvapiana di Vetrice, Le Coste, Tenuta di Poggio, Spaletti.

*Colli Fiorentini (Chianti)***

Am besten nach vier oder fünf Jahren.
PRODUZENTEN:
Castello del Trebbio, Gianozzi, Il Corno, Lilliano.

*Colli Senese (Chianti)***

Voller und stärker als die nördlichen Weine, schmeckt am besten jung.
PRODUZENTEN:
Ficomantanino, Castel Pietraio, Constanti, Emiglio, Villa Cusona, Felsina del Cerro, Chigi-Saracini di Pietrafita.

*Brunello di Montalcino*****

Wird ausschließlich aus der Brunello-Spielart der Sangiovesetraube hergestellt und schmeckt am besten nach zehn Jahren.

*Rosso di Montalcino***

Bereits rasch trinkfertig.
PRODUZENTEN:
Altesino, Franceschi, Tenuta Caparzo, Biondi-Santi, Costanti, Case Basse, La Gerla, Lisini.

*Vino Nobile di Montepulciano*****

Hier wird die Sangiovesetraube mit 25 Prozent weißen Trauben gemischt. Am besten nach fünf Jahren.
PRODUZENTEN:
Bologna Buonsignori, Avignonesi, Poliziano, Contucci, Pantano, Casalte, Saiagricola, Boscarelli, Fanetti, Valdipiatta.

Der Dom

1296 begann Arnolfo di Cambio mit dem Bau des Doms. Seine Befehle bezüglich des Domus Dei (Hauses Gottes) waren denkbar einfach: Die Kathedrale sollte so herrlich und verschwenderisch wie nur irgend möglich gestaltet sein. Als Papst Eugen IV. 1436 die Weihe vornahm, war sie bis auf einen Teil der Fassade vollendet. 1491 schrieb man einen Wettbewerb für eine neue Fassade aus. Botticelli, Verrocchio, Filippino Lippi und andere reichten ihre Entwürfe ein. Die Tatsache, daß sich auch Lorenzo de' Medici beteiligt hatte, brachte die Jury jedoch in arge Verlegenheit. Geschickt schob man ihm die Bürde der Entscheidung zu, was ihn wiederum mit Unbehagen erfüllte. So wurde die Sache kurzerhand vertagt. Als 1515 Lorenzos Sohn Giovanni als Papst Leo X. Florenz einen Besuch abstattete, erregte eine provisorisch bemalte Fassade allgemeine Bewunderung. Zu einer endgültigen Entscheidung konnte man sich aber erst im 19. Jh. durchringen. Nachdem man 92 Pläne geprüft hatte, erhielt Emilio di Fabris den Zuschlag, und 1887, viereinhalb Jahrhunderte nach seiner Weihe, hatte der Dom von Florenz endlich auch eine fertige Fassade.

S. Maria del Fiore

Kampanile
Giotto errichtete das Untergeschoß. Sein Nachfolger Andrea Pisano verstärkte die Mauern um das Doppelte und bewahrte es so vor einem möglichen Einsturz. Der grüne Marmor, der die Fassade schmückt, stammt aus Prato, der weiße kommt aus Carrara und der rosafarbene aus Maremma. Auf der Rückseite führt eine Tür zu einer 414 Stufen zählenden Treppe, auf der man zur 84,7 m hohen Spitze gelangen kann.

S. Reparata
Der Dom wurde um eine ältere Kirche herumgebaut. Diese war dem unbedeutenden heiligen Reparata aus Palästina geweiht. Auf seinen Namenstag fiel in der Toskana einst ein Sieg über eine Gotenarmee. Die Kirche wurde 1375 endgültig abgetragen, die Krypta ist heute Museum.

Galerie
Nachdem Michelangelo sie einen Heuschreckenkäfig genannt hatte, blieb sie unvollendet.

Skulpturen
Hier verblieben nur Kopien. Die von Andrea Pisano und Lucca della Robbia geschaffenen Originale befinden sich im Dommuseum.

Der Dom

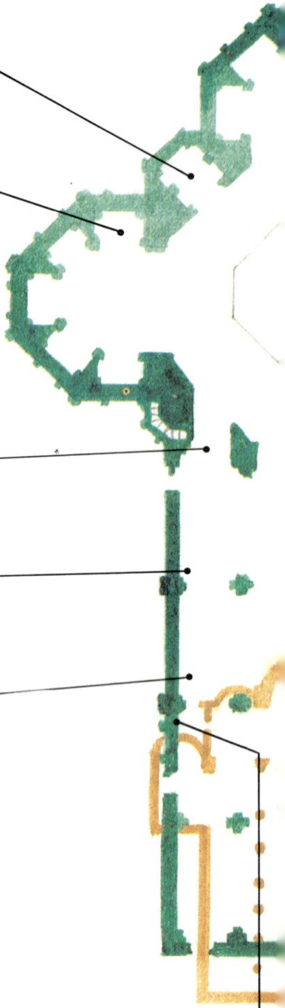

Neue Sakristei
Lucca della Robbia schuf die Bronzetüren und die glasierten Terracottalünetten.

Pietà von Michelangelo
Der Künstler hatte sie für sein Grab in Rom bestimmt und mit dem Nikodemus ein Selbstporträt geschaffen. Als er feststellte, daß der Marmor nicht einwandfrei war, zerbrach er wütend das Kunstwerk. Das Original befindet sich im Dommuseum.

Aufgang zur Kuppel
463 Stufen führen zur 108 m hoch gelegenen Galerie.

Dante und seine Dichtung
Die Fresken sind ein Werk von Domenico di Michelino aus dem Jahr 1465.

Sir John Hawkwood
Er war der wohl erfolgreichste Feldherr seiner Zeit und wurde von den Italienern wegen der Schärfe seines Verstandes (und wohl auch seines Schwertes) Giovanni Acuto genannt. Wegen ihrer glänzenden Rüstung erhielten seine Söldner den Beinamen »Weiße Schwadron«; sie inspirierten Sir Conan Doyle zu seinem gleichnamigen Buch. Da die Florentiner Hawkwood nicht gerne zum Gegner haben wollten, verliehen sie ihm das Bürgerrecht und machten ihn zum Befehlshaber ihres Heeres mit einer steuerfreien Pension auf Lebenszeit. Als er 1394 starb, setzte man ihm dieses Denkmal, das Paolo Uccello 1436 neu farbig faßte.

Niccolò da Tolentino
Das Bild schuf 1456 Andrea del Castagno.

Uhr von Paolo Uccello
Sie wurde 1443 bemalt.

Krypta S. Reparata

Grabmal von Brunelleschi
Die Büste schuf 1446 Buggiano, der Adoptivsohn des Meisters.

Kuppelfresko
»Ohne die Malereien wirkte sie höher und großartiger«, jammerte Lapini, als er die Werke von Vasari und Zuccari sah.

Mord in der Kathedrale
Als am 26. April 1478 die Glokken zum Hochamt riefen, senkten sich alle Augen zu Boden. Dies war nämlich das Zeichen für die Mörder von Giuliano de' Medici, die sofort zuschlugen und dem Opfer keine Chance ließen. Seinem Bruder Lorenzo, der sich auf der anderen Seite der Kirche befand, gelang es jedoch, als sich zwei »wütende Priester« auf ihn stürzten, mit gezogenem Schwert und einer Halswunde in die neue Sakristei zu fliehen. Das Geläut war aber auch das Zeichen für den Erzbischof von Pisa und seine als sein Gefolge getarnten Söldner sowie einige Mitglieder der Familie Pazzi. Sie alle hatten das Komplott eingefädelt, um sich des Palazzo della Signoria und somit der Stadt Florenz zu bemächtigen. Während sie auf den Gonfaloniere (Bannerträger der Republik und höchster Beamter) warteten, führte man sie in verschiedene Räume. Der Gonfaloniere, dem sie eine »wichtige Botschaft« des Papstes übergeben wollten, der ebenfalls an der Verschwörung beteiligt war, schöpfte jedoch Verdacht. Er hatte erst kürzlich alle Türen mit Riegeln versehen, die man von innen nicht öffnen konnte. So saßen die Verschwörer in der Falle, als der Mord bekannt wurde.

Die Kuppel

Seit der Antike hatte niemand mehr versucht, eine Kuppel von derartigen Ausmaßen zu konstruieren. Als 1418 jedoch ein Wettbewerb für die Florentiner Domkuppel ausgeschrieben wurde, hatte ein Mann bereits die Lösung in der Tasche: Filippo Brunelleschi. Nachdem der Auftrag, die Skulpturen für die Portale des Battistero di S. Giovanni zu schaffen, Lorenzo Ghiberti erteilt worden war, ging Brunelleschi nach Rom. Dort machte er sich mehrere Jahre lang mit der Architektur der Antike und der Kuppelkonstruktion des Pantheon vertraut. Nun schlug er vor, eine Zweischalenkuppel zu konstruieren, die nicht durch Bögen und Pfeiler abgestützt werden mußte und ohne ein kompliziertes Gerüst errichtet werden konnte. Seine Ausführungen wurden zunächst mit ungläubigem Staunen, dann aber mit schallendem Gelächter und offenem Spott quittiert. Während der Tumulte entfernte man ihn zweimal handgreiflich aus dem Saal. Bei einer erneuten Zusammenkunft zerstörte er alle Modelle, weigerte sich jedoch, selbst eines herzustellen, da er sicher war, daß seine Ideen sofort gestohlen würden. Statt dessen schlug er vor, daß die Kommission sich für denjenigen entscheiden sollte, dem es gelang, ein Ei auf einer flachen Marmoroberfläche zum Stehen zu bringen. Der Trick gelang natürlich nur Brunelleschi: Sehr zum Ärger seiner Mitbewerber schlug er einfach das Ei an der Unterseite auf – und, siehe da, es blieb aufrecht stehen. »Das kann doch jeder«, empörten sich die Genasführten. »Ja, und nach meinem Plan könnte auch jeder die Kuppel bauen«, gab der Meister zurück. Die Kommissionsmitglieder wa-

ren von seiner Selbstsicherheit beeindruckt und erteilten ihm den Zuschlag. Seine Feinde ließen ihn jedoch unter dem Vorwand, er sei kein Maurer, ins Gefängnis werfen. Kaum war er entlassen, überzeugten sie die Kommission, daß das Projekt viel zu bedeutend war, um es in die Hände nur eines einzigen zu legen. So wurde sein alter Rivale Ghiberti sein Partner. Brunelleschi weigerte sich immer noch beharrlich, seine Pläne offenzulegen. Die Arbeiten begannen, mußten aber eingestellt werden, als man eine Höhe von kaum acht Metern erreicht hatte: Der Meister lag mit einer fingierten Krankheit zu Bett. »Fragt Lorenzo«, krächzte er den Maurern entgegen, die sich ihre Instruktionen abholen wollten. »Ich tue nichts ohne Filippo«, konterte dieser. Brunelleschi wurde sofort wieder gesund, als die Kirchenvorsteher seinem Plan zustimmten, Ghiberti einige Steinbänder entwerfen und ausführen zu lassen. Sie erwiesen sich als unbrauchbar, und der Konkurrent wurde entlassen. Brunelleschi dagegen ernannte man zum Oberbaumeister auf Lebenszeit, und er enthüllte endlich sein geniales Modell. Er hatte sogar an Fenster zur Erleuchtung der Treppen und an Küchen und Kantinen innerhalb der Kuppel gedacht, damit die Arbeiter zu den Mahlzeiten nicht hinuntersteigen mußten. Das Meisterwerk Brunelleschis gelangte 1461 zur Vollendung, fünfzehn Jahre nach dem Tod des Meisters, der im Dom seine letzte Ruhestätte fand.

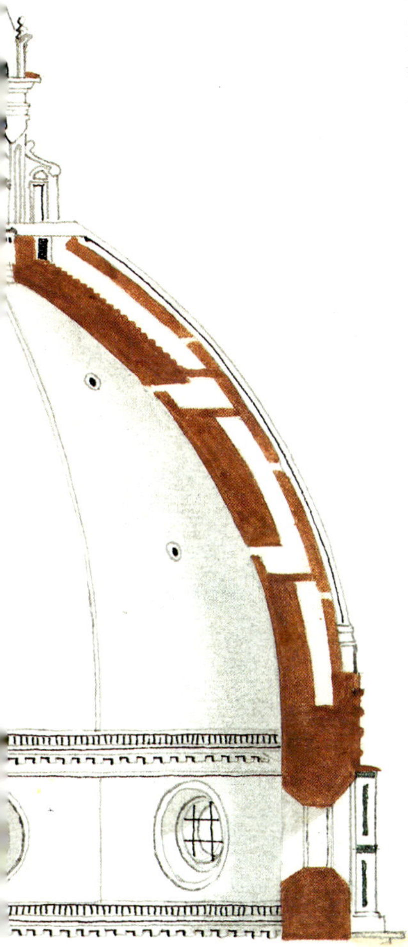

Michelangelo sagte über das Pendant von Brunelleschis Kuppel, das er für die römische Peterskirche konstruierte: »Sie wird zwar größer, nicht aber schöner.«

Battistero

Einmal im Jahr wurden alle Kinder, die während der vergangenen zwölf Monate das Licht der Welt erblickt hatten, zusammen in einem großen Becken in diesem Baptisterium getauft. Unter den Kindern des Jahres 1266 befand sich Dante Alighieri. Zu seiner Zeit glaubte man, daß der Bau einst ein Tempel des Mars war. Tatsächlich handelte es sich um ein Gebäude des 7. Jh., das im 11. und 12. Jh. ein neues Dach und eine Verkleidung aus weißem und grünem Marmor erhielt.

Südportal, Skulptur
Enthauptung Johannes' des Täufers von Vicenzo Danti.

Ostportal
Über dem Tor Taufe Christi von Sansovino und ein Engel des 18. Jh. Die Doppelsäulen aus Porphyr zu beiden Seiten sind ein Geschenk der Stadt Pisa von 1135.

Nordportal
Predigt Johannes' des Täufers von Francesco Rustici.

Pfeiler des Hl. Zenobius
Er markiert die Stelle, an der früher eine alte Ulme stand. Als der Sarg des Bischofs Zenobius (5. Jh.) sie berührte, trieb sie mitten im Winter Blätter.

Grab des Gegenpapstes Johannes XXIII.
1410 kam zu den beiden in Rom und Avignon residierenden Päpsten noch ein dritter hinzu. Der neapolitanische Freigeist Baldassarre Coscia soll 200 Frauen verführt haben, während er als päpstlicher Legat in Bologna weilte. Als Johannes XXIII. gewann er zahlreiche Anhänger, bis das Konzil von Konstanz 1414 das Papstproblem löste. Zu seiner Überraschung forderte man dort die Abdankung aller drei Päpste. Er trat zurück, wurde aber gefangengesetzt und vor Gericht gestellt. Gibbon schreibt: »Die schlimmeren Anklagepunkte vertuschte man. Der ›Stellvertreter Christi‹ wurde lediglich der Räuberei, des Mordes, der Vergewaltigung, der Sodomie und der Blutschande bezichtigt.«
Nach vier Jahren erkaufte Coscia sich die Freiheit und ging nach Florenz, wo er dann im Hause seines ehemaligen Bankiers Cosimo de' Medici starb. Dieser gab auch sein Grabmal bei Donatello und Michelozzo in Auftrag.

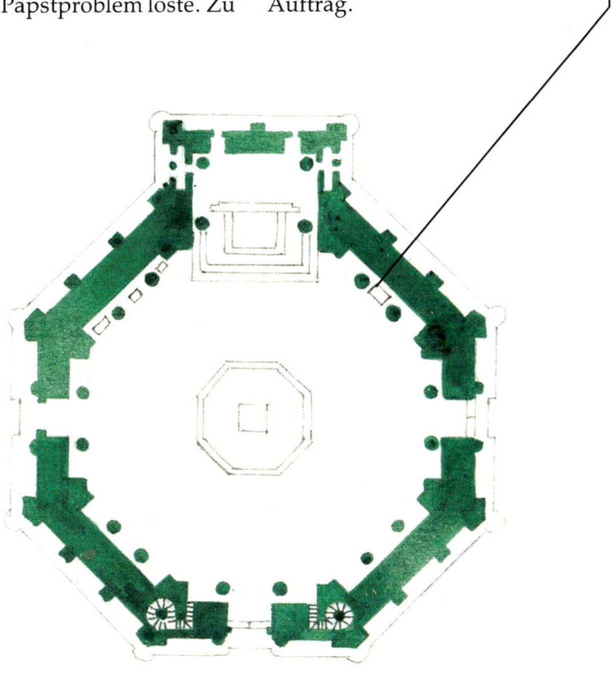

Battistero dei Portale

Südportal

Andrea Pisano
Die Gilde der Wollhändler beauftragte Pisano mit der Ausgestaltung des ersten Bronzekunstwerks von Florenz. Zunächst entstand ein Wachsmodell, das 1332 von einheimischen Arbeitern gegossen wurde. Die Ziselier- und Polierarbeiten dauerten vier Jahre. 1336 wurden die Portalflügel, auf denen zwanzig Szenen aus dem Leben Johannes' des Täufers zu sehen sind, eingehängt.

Nordportal

Lorenzo Ghiberti
Über den Ausgang des 1401 ausgeschriebenen Wettbewerbs zur Gestaltung dieser Portalflügel sagt Ghiberti: »Ich wurde von allen Sachverständigen einstimmig zum Sieger erklärt.« Sein Zeitgenosse Manetti behauptet jedoch, daß der Auftrag zu gleichen Teilen an Ghiberti und Brunelleschi gegangen sei. Letzterer habe jedoch die Arbeitsteilung verweigert und sei ausgestiegen. Die Probestücke beider Meister befinden sich im Bargello.

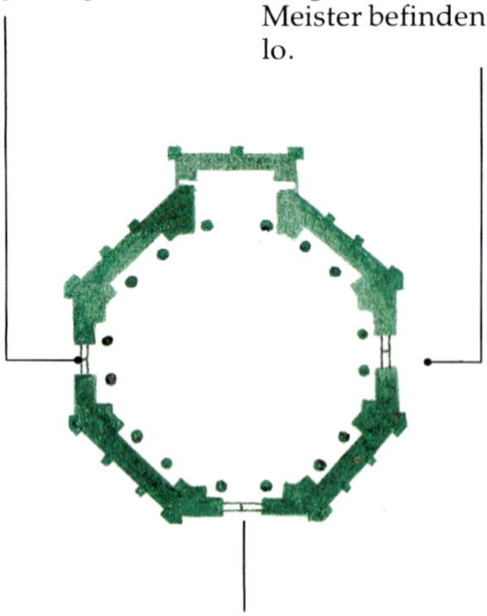

Ostportal

Lorenzo Ghiberti
Ghiberti begann 1425 mit der Arbeit, nachdem das Nordportal fertiggestellt war. Es hatte 22 000 Goldflorins gekostet, was den Verteidigungsausgaben für ein ganzes Jahr entsprach. Ursprünglich waren 20 Bronzetafeln geplant. Ghiberti schuf jedoch nur zehn, indem er einfach andere Szenen in ein Relief einbaute. Die Flügel wurden 1452 eingehängt, und Michelangelo erklärte, sie seien würdig, den Eingang zum Paradies zu schmücken.

Die Erschaffung von Adam und Eva

Die Geschichte von Kain und Abel

Die Geschichte von Noah und seinen Söhnen

Abraham und die Opferung von Isaac

Die Geschichte von Jakob und Esau

Die Geschichte von Joseph

Die Geschichte von Moses

Die Geschichte von Joshua

Szenen aus dem Leben von Saul und David

Das Treffen zwischen Salomo und der Königin von Saba

Südportal

ANDREA PISANO

1. Der Engel und Zacharias	*2. Zacharias wird taub*	*11. Johannes vor Herodes*	*12. Johannes wird eingekerkert*
3. Die Heimsuchung	*4. Geburt Johannes' des Täufers*	*13. Die Schüler des Johannes besuchen ihn im Kerker*	*14. Christus und die Schüler des Johannes*
5. Die Namensgebung für Johannes den Täufer	*6. Johannes geht in die Wildnis*	*15. Salomes Tanz vor Herodes*	*16. Die Enthauptung des Johannes*
7. Johannes hält eine Predigt	*8. Lamm Gottes*	*17. Der Kopf des Johannes wird Herodes gebracht*	*18. Salome bietet Herodias den Kopf des Johannes an*
9. Johannes tauft seine Zuhörer	*10. Johannes tauft Christus*	*19. Der Leichnam des Johannes wird fortgetragen*	*20. Das Begräbnis des Johannes*
21. Hoffnung	*22. Glaube*	*25. Standhaftigkeit*	*26. Selbstbeherrschung*
23. Nächstenliebe	*24. Demut*	*27. Gerechtigkeit*	*28. Klugheit*

Nordportal

LORENZO GHIBERTI

25. *Der Kreuzweg*	26. *Kreuzigung*	27. *Die Auferstehung*	28. *Pfingstfest*
21. *Der Ölberg*	22. *Verhaftung Christi*	23. *Die Geißelung*	24. *Christus vor Pilatus*
17. *Die Verklärung*	18. *Auferwekkung des Lazarus*	19. *Einzug in Jerusalem*	20. *Das Letzte Abendmahl*
13. *Christus wird von Johannes getauft*	14. *Christi Versuchung in der Wüste*	15. *Christus vertreibt die Geldwechsler aus dem Tempel*	16. *Christus geht über das Wasser*
9. *Verkündigung*	10. *Christi Geburt*	11. *Anbetung der Könige*	12. *Christus unter den Schriftgelehrten*
5. *Der Evangelist Johannes*	6. *Der Evangelist Matthäus*	7. *Der Evangelist Lukas*	8. *Der Evangelist Markus*
1. *Der hl. Augustinus*	2. *Der hl. Hieronymus*	3. *Gregor der Große*	4. *Der h!. Ambrosius*

Die Mosaiken

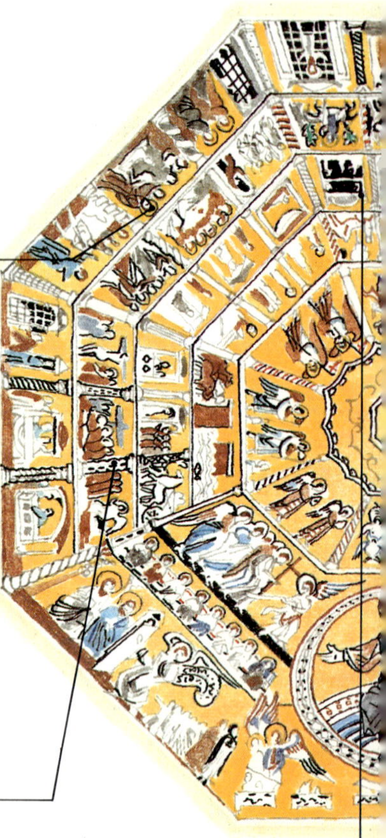

Einige der aus dem 13. Jh. stammenden Mosaiken werden Cimabue zugeschrieben, besonders die mit den Szenen aus dem Leben des Johannes des Täufers.

Das Leben Johannes' des Täufers

1. *Verkündigung seiner Geburt*
2. *Namengebung*
3. *Johannes in der Wildnis*
4. *Predigt des Johannes*
5. *Johannes bei der Taufe*
6. *Ankunft Christi*
7. *Taufe Christi*
8. *Johannes klagt Herodes an*
9. *Gefangennahme des Johannes*
10. *Johannes schickt seine Jünger aus*
11. *Christus und die Jünger des Johannes*
12. *Der Tanz der Salome*
13. *Enthauptung des Johannes*
14. *Herodias nimmt den Kopf des Johannes in Empfang*
15. *Begräbnis des Johannes*

Das Leben Christi

1. *Verkündigung*
2. *Heimsuchung*
3. *Christi Geburt*
4. *Anbetung der Könige*
5. *Warnung der Könige*
6. *Reise der Könige*
7. *Darstellung im Tempel*
8. *Josephs Traum*
9. *Flucht nach Ägypten*
10. *Mord an den unschuldigen Kindern*
11. *Das Letzte Abendmahl*
12. *Kreuzweg*
13. *Kreuzigung*
14. *Kreuzabnahme*
15. *Auferstehung*

Das Leben Josephs von Ägypten

1. *Josephs Traum*
2. *Die Deutung des Traums*
3. *Die Verschwörung von Josephs Brüdern*

von S. Giovanni

4. *Joseph wird an die Medianiter ausgeliefert*
5. *Israel erfährt vom Tod Josephs*
6. *Joseph wird an die Ismaeliten verkauft*
7. *Joseph vor dem Pharao*
8. *Joseph und Potiphar*
9. *Joseph im Kerker*
10. *Der Traum des Pharao*
11. *Die Deutung von Pharaos Traum*
12. *Joseph deutet den Traum*
13. *Einlagerung des Korns*
14. *Verteilung des Korns*
15. *Joseph mit seinem Triumphwagen und seinen Brüdern*

Szenen aus der Genesis

1. *Erschaffung der Welt*
2. *Erschaffung von Adam*
3. *Erschaffung von Eva*
4. *Versuchung im Paradies*
5. *Bedeckung der Nacktheit*
6. *Vertreibung aus dem Paradies*
7. *Kain und Abel*
8. *Opfer Kains und Abels*
9. *Kain erschlägt Abel*
10. *Das Kainsmal*
11. *Noah und seine drei Söhne*
12. *Bau der Arche*
13. *Beladen der Arche*
14. *Die Sintflut*

Die Himmlische Hierarchie

Kerubim, Serafim, Herrscher, Gewalten, Erzengel, Schutzengel, Fürsten, Kräfte, Throne.

Die Darstellung der von Dionysos im 5. Jh. beschriebenen neun Ränge der himmlischen Hierarchie gilt als die klarste in der gesamten christlichen Kunst.

Das Jüngste Gericht

Christus als Weltenrichter
Die Auserwählten
Die Verdammten
Propheten, Apostel und Engel

Bandinelli-Standbild

S. Maria Maggiore

Palazzo Arcivescovile
Die Residenz des Erzbischofs wurde 1895 erneuert.

S. Lorenzo
Siehe S. 30/31.

S. Giovannino degli Scolopi
Hier wurde Alessandro de' Medici aufgebahrt, nachdem er im Bett einer schönen Frau, die er verführen wollte, den Tod gefunden hatte. Sein Mörder war ein Vetter, der sich als zweiter Brutus sah. Ammannati erneuerte das Kirchengebäude und liegt hier begraben.

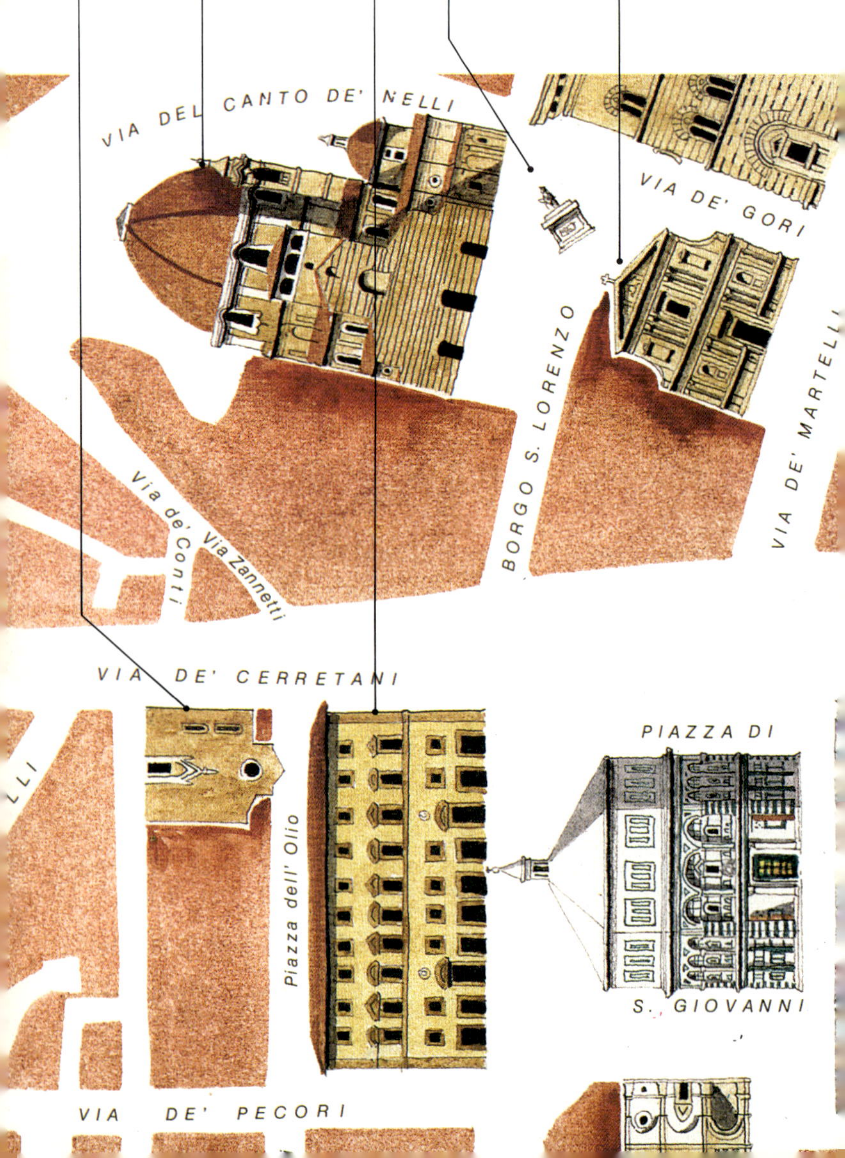

S. Michele Visdomini
Die Heilige Familie im Inneren ist ein Werk von Pontormo aus dem Jahr 1518.

Museo dell' Opera del Duomo
Dies war einst die Domwerkstätte. Im Hof entstand Michelangelos David. Heute befinden sich hier die Pietà des Künstlers und zahlreiche andere Originalkunstwerke, die so der Nachwelt erhalten werden sollen. Öffnungszeiten: 9.00 – 13.00; 15.00 – 18.00 (im Winter 16.00); Sonntag 10.00 – 13.00

Palazzo Pucci
Das Gebäude wird Ammannati zugeschrieben.

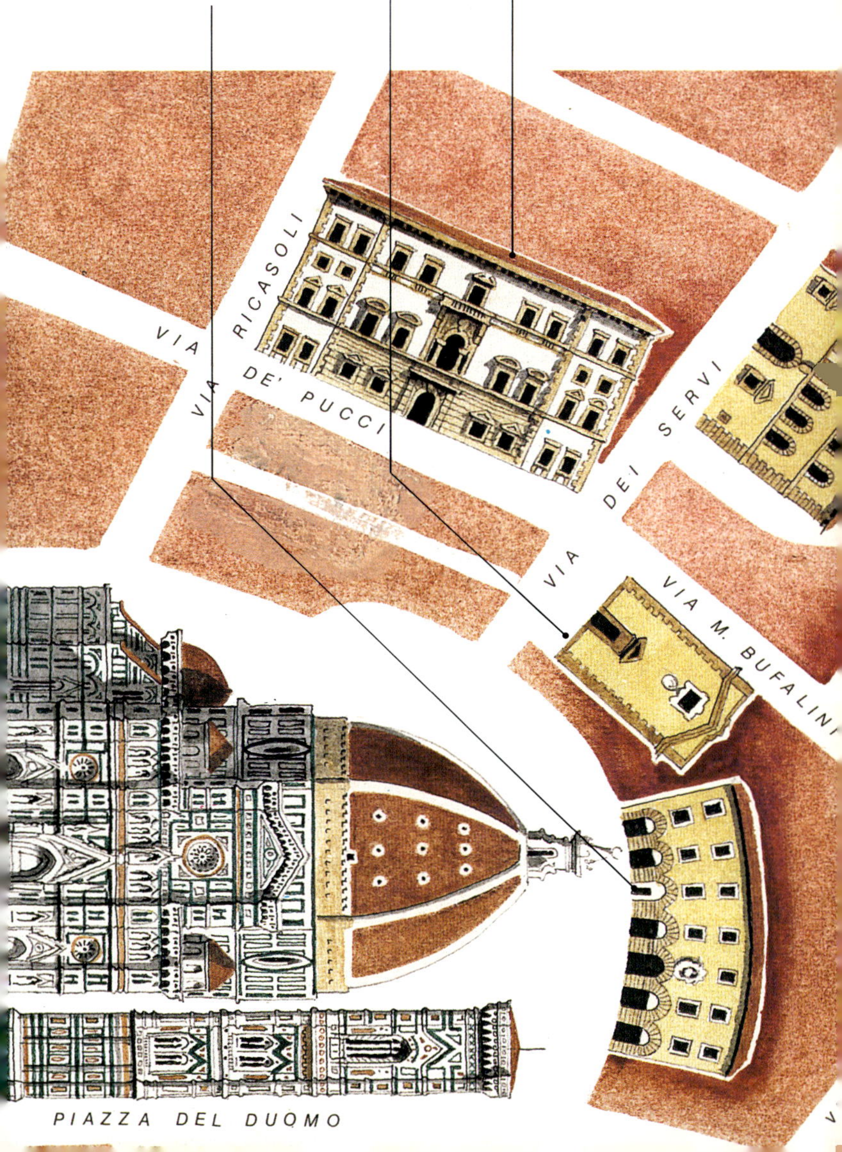

S. Lorenzo

In dieser Kirche liegen alle berühmten Mitglieder der Familie Medici, zwei Päpste und zwei französische Königinnen begraben. Bischof Ambrosius von Mailand weihte im Jahre 393 den Vorgängerbau. Das bestehende Gebäude wurde 1421 von Brunelleschi begonnen. Michelangelo wollte die Fassade gestalten, kam aber über das Modell nicht hinaus, das heute in der Casa Buonarotti zu sehen ist.

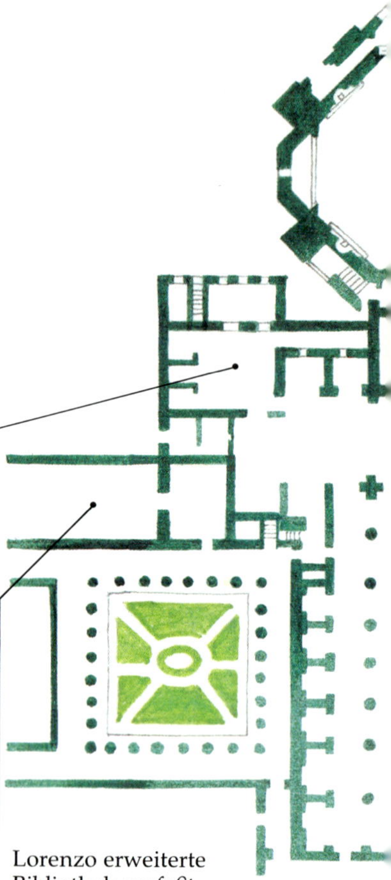

Alte Sakristei

Im ältesten Teil des Gebäudes befinden sich:

Sarkophag von Giovanni di Bicci de' Medici und seiner Frau

von Andrea Cavalcanti, genannt Buggiano.

Bronzesarkophag von Giovanni und Piero de' Medici
von Verrocchio.

Triptychon
Schule des Taddeo Gaddi.

Donatello
Vier Evangelisten
Bronzetüren.

Schule des Ghirlandaio
St. Antonius, St. Julian und St. Leonard.

Biblioteca Laurenziana

Die von Cosimo de' Medici begründete und von seinem Enkel Lorenzo erweiterte Bibliothek umfaßt ungefähr 11 000 griechische und lateinische Manuskripte und 4000 alte Bücher, unter anderem einen Vergil aus dem 5. Jh., Cellinis Manuskript seiner Autobiographie und ein Stundenbuch des Lorenzo de' Medici. Die Ausstattung der Räume besorgte 1524 Michelangelo.

Donatello
Zwei Kanzeln auf Säulen, seine letzten Werke von 1460.

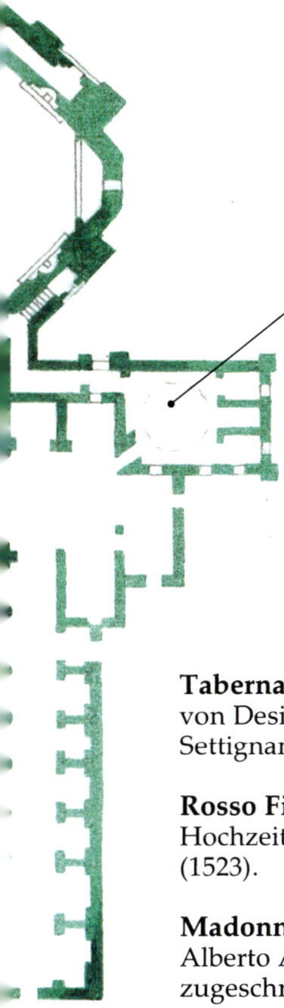

Tabernakel
von Desidero da Settignano.

Rosso Fiorentino
Hochzeit der Jungfrau (1523).

Madonna mit Kind
Alberto Arnoldi zugeschrieben.

Lavabo
Donatello-Werkstatt.

Medici-Kapellen

Öffnungszeiten: 9.00–14.00
Festtage: 9.00–13.00
Montag geschlossen.

Kapelle der Prinzen
Dieses prachtvolle Denkmal für die Herzöge aus dem Hause Medici wurde von Don Giovanni de' Medici und Buontalenti entworfen und 1602 begonnen.

Neue Sakristei von Michelangelo
Sie wurde 1520 begonnen und war, als er Florenz verließ, noch nicht vollendet.

Links

Grab von Lorenzo, Herzog von Urbino
Die Anhänger Macchiavellis.

Der Prinz
mit Darstellungen von Morgenröte und Abenddämmerung.

Rechts

Grab von Giulano, Herzog von Nemours
Tag und Nacht.

Madonna mit Kind
Unvollendetes Denkmal für Lorenzo il Magnifico und seinen ermordeten Bruder Giulano.

Hochaltarkruzifix
von Baccio da Montelupe.

Grabstätte des Cosimo de' Medici
»Pater Patriae«

Filippo Lippi
Verkündigung.

Donatello-Denkmal
Er ist unter dem Monument von 1896 begraben.

Bronzino
Martyrium des hl. Lorenzo.

Piazza della Repubblica
Das ehemalige römische Forum diente bis 1888 als Mercato Vecchio (Alter Markt).

Überflußsäule
Eine Kopie der Arbeit von Foggini.

Orsanmichele
Das Gebäude war zunächst ein Kloster und diente dann als Getreidemarkt. 1380 schloß es seine Pforten und wurde Kirche. Man fügte zwei Stockwerke hinzu, in denen ein Getreidelager für Notzeiten eingerichtet wurde. In den 14 Nischen an der Außenwand stehen Statuen (teilweise Kopien), die die ehrenwerten Gilden der Stadt stifteten.

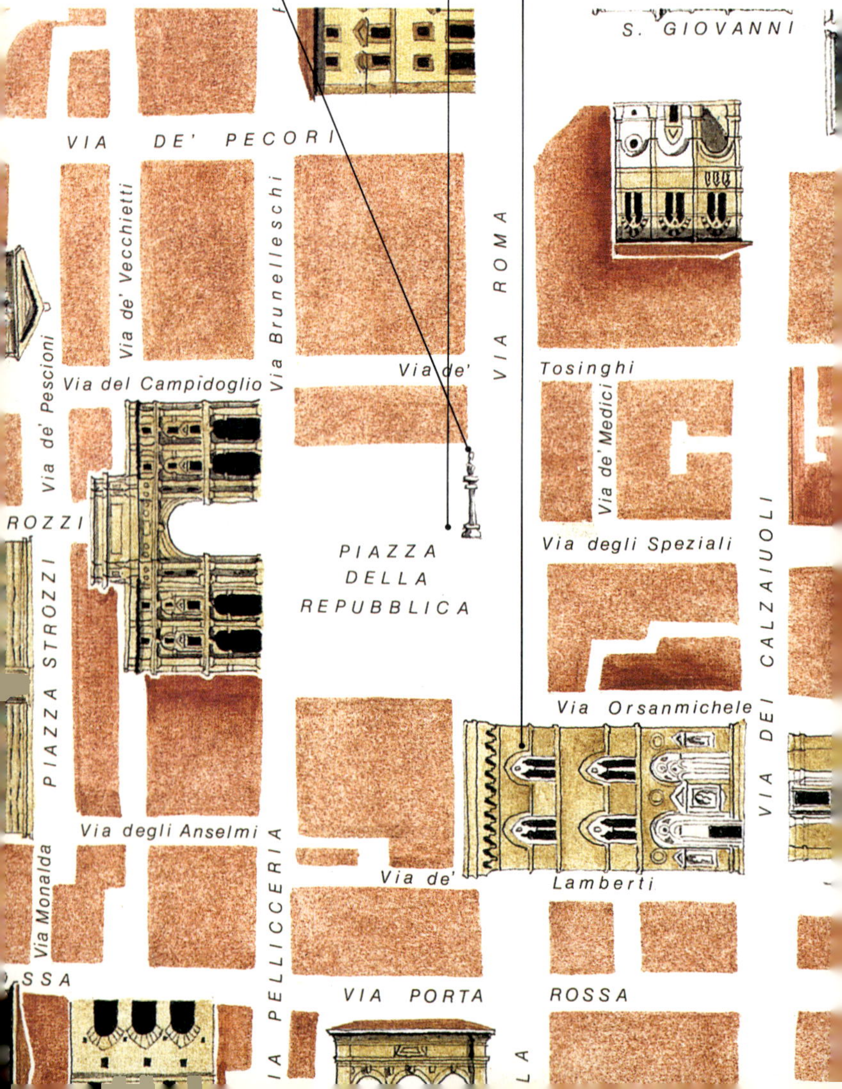

Casa di Dante
Das Gebäude ist seit 1865 Museum. Öffnungszeiten: 9.00 – 12.30; 15.30 – 18.00; Sonntag 9.30 – 12.30. Mittwoch geschlossen.

S. Margherita in S. Maria de' Ricci
Die Vorhalle entstand 1611.

Palazzo Salviati
Hier erblickte Herzog Cosimo I. das Licht der Welt. Sein Vater war so stolz, daß er die entsetzte Kinderschwester bat, das Baby aus einem Fenster im oberen Stockwerk zu werfen, damit er es auffangen konnte.

S. Margherita de' Cerchi
Hier heiratete Dante.

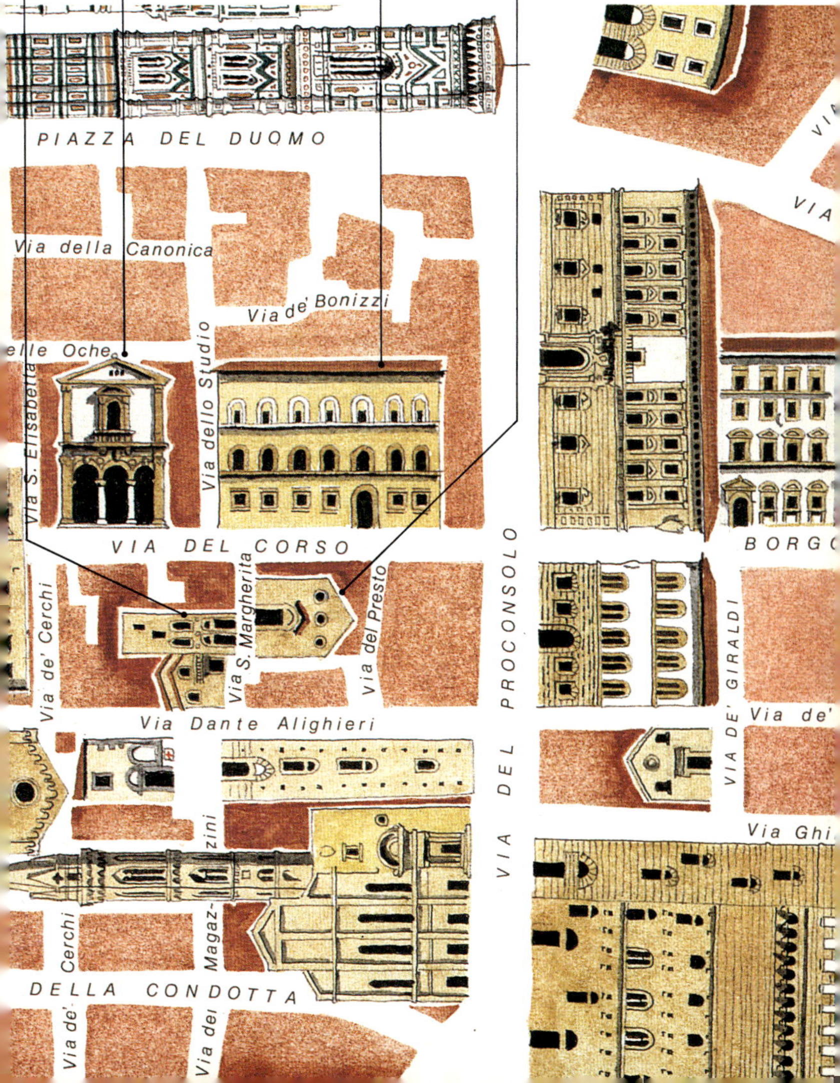

Palazzo Davanzati
In diesem schönen mittelalterlichen Adelsdomizil von ca. 1330 befindet sich ein hochinteressantes Museum. Öffnungszeiten: 9.00 – 14.00 (Sonntag 13.00); Montag geschlossen.

Palazzo di Parte Guelfa
Hier residierten die Führer der Guelfenpartei, die Florenz von 1267 – 1376 beherrschte. Nur für Ausstellungen zugänglich.

Mercato Nuovo
Als Cellini hier 1551 arbeitete, war er gerade neu eingerichtet.

S. Stefano al Ponte

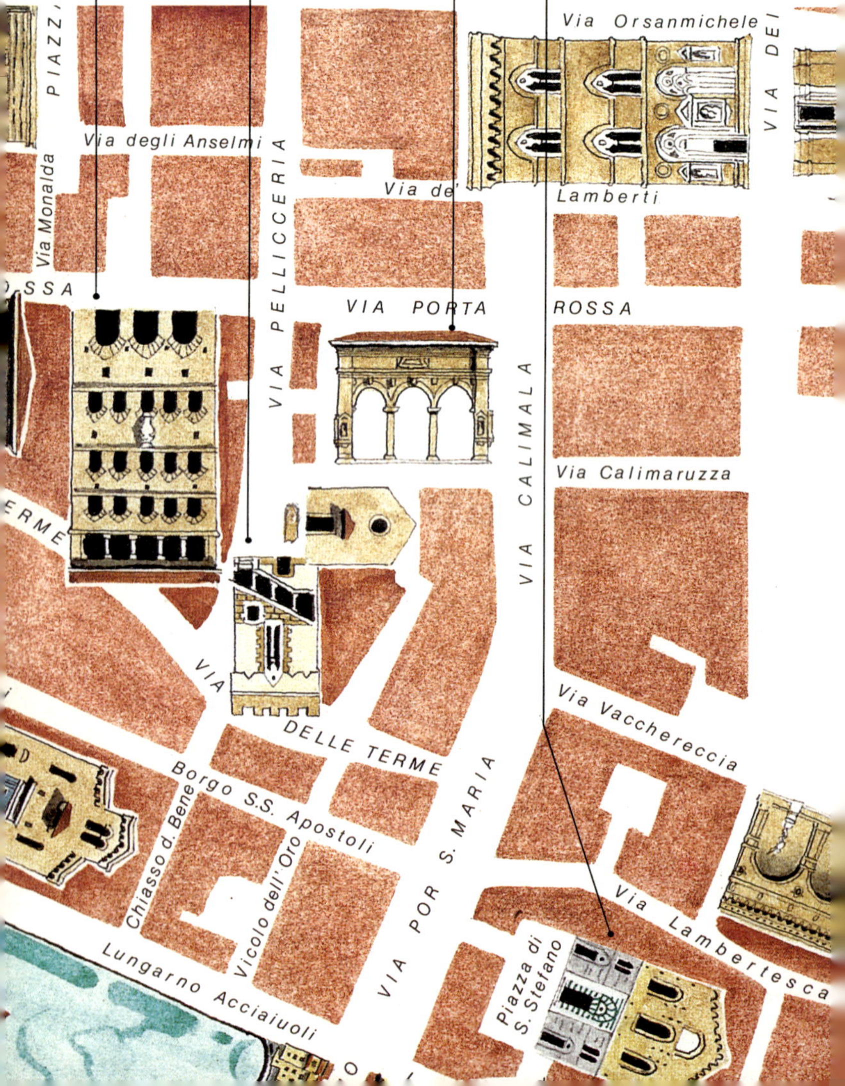

Badia Fiorentina
An dieser Stelle wurde 978 eine Benediktinerabtei gegründet. Im Inneren hielt Boccaccio Vorlesungen über Dante. Sehenswert sind ein Bild Filippo Lippis (Die Jungfrau erscheint St. Bernhard) und das von Mino Fiesole geschaffene Denkmal für den toskanischen Markgrafen Ugo, den Sohn des Gründers.

Uffizien
Siehe S. 104 – 115.

S. Martino del Vescovo
986 gegründet und 1479 wieder-aufgebaut.

Torre della Castagna
Vor der Errichtung des Palazzo Vecchio residierten hier die neun gewählten Prioren.

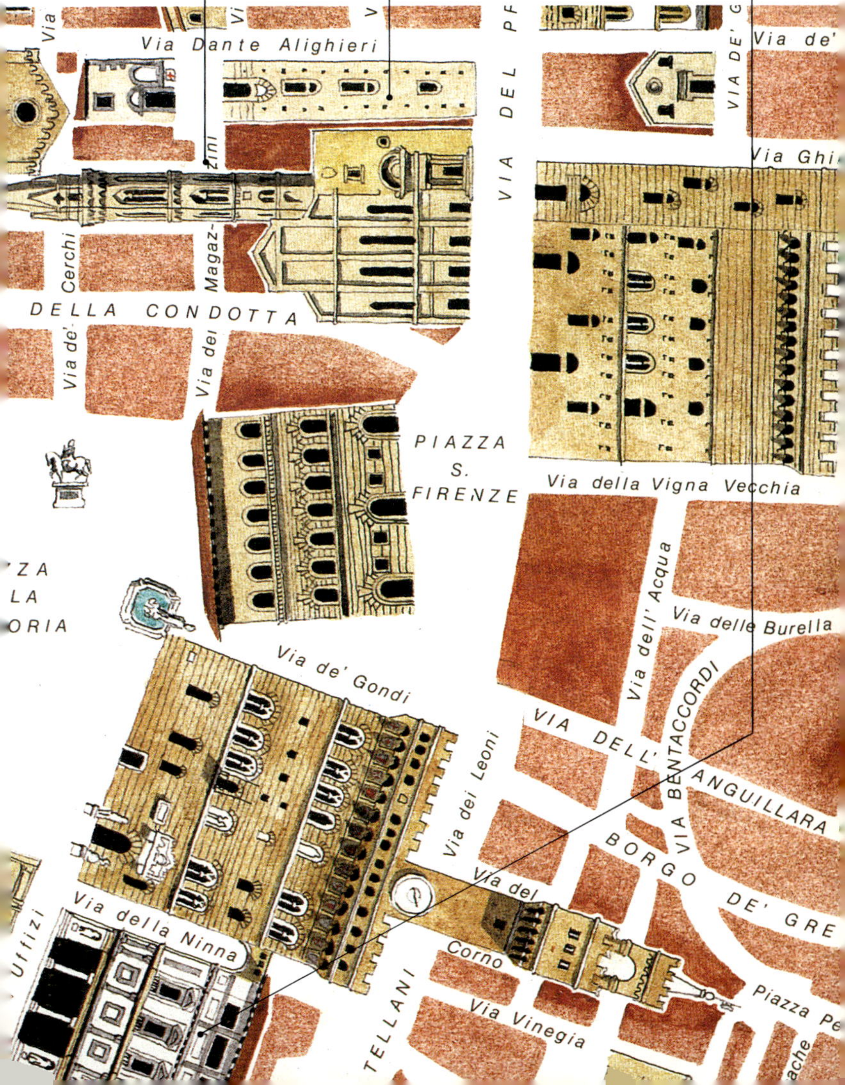

Piazza della Signoria

Als die siegreichen Guelfen im Jahre 1268 die Häuser der Ghibellinen niederrissen, zeichnete sich zum ersten Mal der Grundriß der Piazza ab.

Palazzo Vecchio
Das Gebäude entstand zwischen 1299 und 1307 als der »Palast des Volkes« (Palazzo del Popolo) und diente den neun gewählten Prioren als Wohnsitz. Während ihrer zweimonatigen Amtszeit lebten sie im Schutz dieser Mauern wie Gefangene. Die neun Honoratioren waren unter dem Sammelnamen *Signori* bekannt, so erhielt das Haus den Namen Palazzo della Signoria. Als die Herzöge hier residierten, nannte man es Palazzo Ducale, später dann Palazzo Vecchio (Alter Palast).

Vacca
Eine große Glocke mit dem Namen »die Kuh« rief die Bürger von Florenz zu den unter freiem Himmel stattfindenden Versammlungen *(parlamento)*. Sie wurde 1530 von Herzog Alessandro zerstört.

Aranghiera
Von dieser Plattform aus wurden die Florentiner zu Kriegshandlungen oder Racheakten aufgerufen.

Barberia
In dieser kleinen Zelle des Glockenturms war Cosimo de' Medici 1433 zwei Wochen lang eingesperrt, bevor er ins Exil ging.

Statuen
Sie wurden fast alle anläßlich von Ereignissen aufgestellt, die für Florenz eine besondere Bedeutung hatten. Die ältesten sind:

Donatellos Judith und Holofernes
Das Standbild wurde 1460 für Piero de' Medici in Auftrag gegeben.

Michelangelos David
Er erinnert an den Sieg der Republik (David) über die Medici (Goliath).

Neptunbrunnen
Der Bildhauer Ammannati gab später zu, das Werk verpfuscht zu haben: »O Ammannato, Ammannato, che bel marmo ha rovinato (Ammannati, welch herrlichen Marmor hast du zerstört)«, lautete ein bekannter Spottvers.

Savonarola
Der fanatische Mönch überredete die Florentiner, sich von allen weltlichen Gütern zu trennen; so wurde 1495 auf der Piazza ein riesiger »Scheiterhaufen der Eitelkeit« errichtet.

Cellinis Perseus
Cosimo I. gab beim Künstler dieses Meisterwerk in Auftrag, um seinen Sieg über die Republik zu feiern.

Ursprünglich sollte Michelangelo das Standbild errichten. Als er jedoch die Stadt verließ, ging der Auftrag an Bandinelli. Zu seinem Entsetzen mußte der Künstler feststellen, daß Cellini sich vor Herzog Cosimo und seinen Freunden über die zahlreichen Unzulänglichkeiten des Werkes lustig machte. So behauptete er beispielsweise, daß Bandinelli für die Muskeln des Herkules einen Sack Melonen als Vorbild benutzt habe.

Giambolognas Raub der Sabinerinnen
Entstanden 1583.

Herkules und der Kentaur
Ein Werk Giambolognas.

Raub der Polyxena
Ein Werk Pio Fedis von 1866.

Ajax mit dem Leichnam des Patroklos
Römische Kopie eines griechischen Originals.

Loggia
Diese überdachte *aranghiera* entstand 1376 – 82.

Bandinellis Herkules und Cacus
Herkules galt als ein weiteres Symbol der Republik.

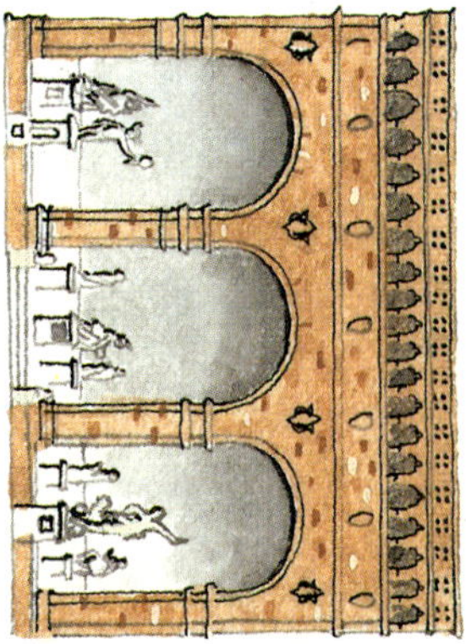

Salon dei Cinquecento

Der »Saal der 500« wurde als Tagungsort des »Großen Rates der Republik« eingerichtet. Dieses Verfassungsmodell orientierte sich am Beispiel der Republik Venedig und wurde 1494 von Savonarola eingeführt. Michelangelo und Leonardo da Vinci erhielten den Auftrag, die zwei langen Wände zu gestalten, hinterließen jedoch bei ihrem Weggang aus Florenz lediglich Skizzen. So übernahmen Vasari, Vincenzo Borghini und andere Künstler die Aufgabe.
An den Wänden sind die Siege von Florenz über Siena und Pisa dargestellt, die 39 Deckenbilder zeigen die Städte der Toskana und die Apotheose Cosimos I.

Michelangelo
Der Sieg. Das Standbild war für das Grabmal von Papst Julius II. bestimmt.

Giambologna
Die Tugend triumphiert über die Laster.

Studiolo di Francesco I.

Die Dekoration veranschaulicht das Interesse des Herzogs an der Wissenschaft. Die vier Wände symbolisieren die vier Elemente.

Quartiere di Eleonora di Toledo
Ausgestattet von Ridolfo del Ghirlandaio.

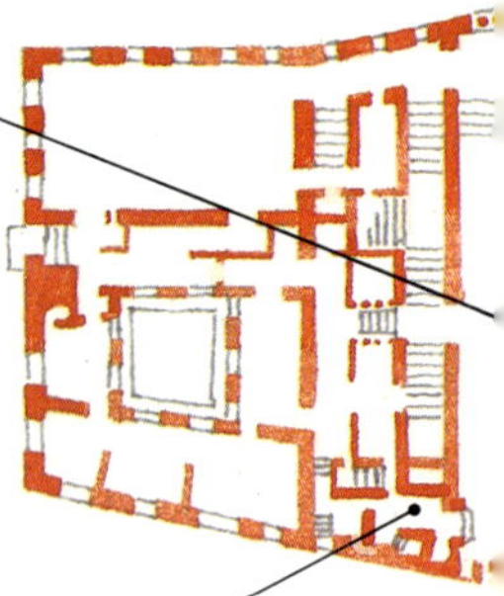

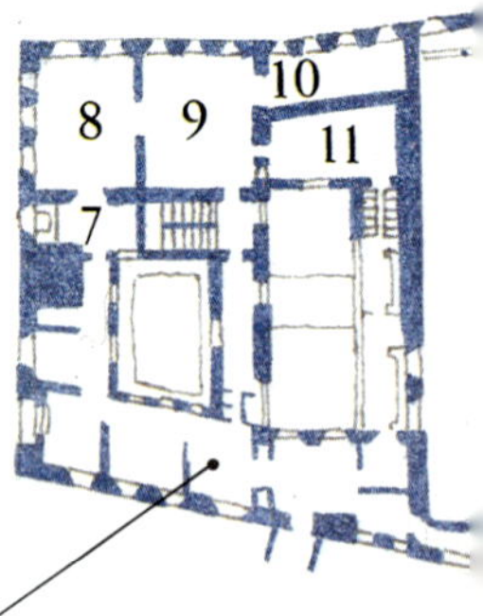

Galleria Siviero
Die Sammlung umfaßt 141 Gemälde, die Rudolfo Siviero wiederbeschaffte, nachdem sie von den Nationalsozialisten gestohlen worden waren, u. a. einen Masaccio und einen Rubens.

Kapelle
Ausstattung von Bronzino.

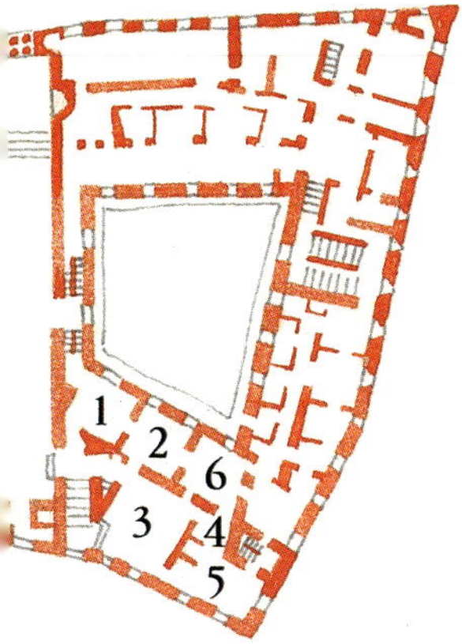

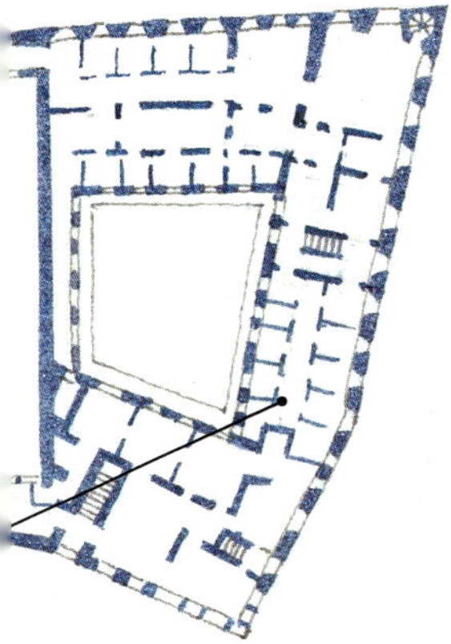

Quartiere di Leone X.

Vasari und andere Künstler dekorierten die Räume des aus dem Hause Medici stammenden Papstes Leo X.

1 Sala di Cosimo il Vecchio
An der Decke Cosimos Rückkehr nach Florenz.

2 Sala di Lorenzo il Magnifico
Lorenzo und Abgesandte.

3 Sala di Leone X.
Szenen aus dem Leben des Giovanni de' Medici.

4 Kapelle

5 Sala di Clemente VII.
Vasaris berühmtes Gemälde von der Belagerung von Florenz.

6 Sala di Cosimo I.

7 Cappella della Signoria
Ausstattung von Ridolfo del Ghirlandaio.

8 Sala d'Udienza
Die Gebrüder Maiano schufen Decke und Eingang zur Empfangshalle. Die Fresken mit Szenen aus dem Leben des römischen Heros Marcus Camillus schuf Salviati. Donatellos Judith und Holofernes wurde aus Sicherheitsgründen von der Piazza hierher verbracht.

9 Sala dei Gigli
Das »Lilienzimmer«.

10 Cancelleria
Hier befand sich einst das Büro von Niccolo Macchiavelli.

11 Guardaroba
53 Karten toskanischer Teilregionen.

Quartiere degli Elementi
Vasari schmückte die fünf Räume mit Allegorien der Elemente.

S. Felice
Gotische Kirche mit einer 1457 von Michelozzo gestalteten Fassade.

Casa Guidi
Nachdem Robert und Elizabeth Browning 1846 im geheimen geheiratet hatten, lebten und arbeiteten sie hier bis zum Tod der Dichterin im Jahre 1861.

Palazzo Pitti
Der ehrgeizige Luca Pitti verlangte, daß die Fenster seines Hauses so groß sein sollten, wie die Eingangstür des Palastes der Medici. Seine verarmten Nachkommen verkauften das Gebäude an die Frau Cosimos I., die es viel schöner fand als den Palazzo Vecchio.
Das aus sieben Räumen beste-

hende Gebäude wurde in der Folgezeit zu dem zwanzig Räume umfassenden Palast ausgebaut, den man heute sieht. Hier sind sechs Museen untergebracht:

Galleria Palatina
Galleria d'Arte Moderna
Museo degli Argenti
Appartamenti Monumentali

Palazzina della Meridiana
Wagenmuseum

Öffnungszeiten: 9.00 – 13.00; Montag geschlossen.

S. Felicità
Hinter einem Fenster in Corrioio nahmen die Herzöge an der Messe teil.

Galleria Palatina

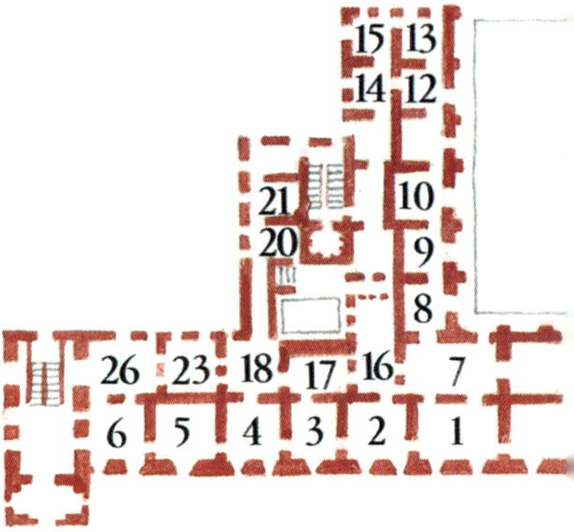

RAUM **1**

Tizian
Porträt des Pietro Aretino
Julis II. (Kopie nach Raffael)
Das Konzert
Porträt einer Dame (»Die Schöne«)

Canova
Venus Italica.

RAUM **2**

Tizian
Porträt eines Adeligen
Maria Magdalena

van Dyck
Karl I. und Henrietta Maria

Andrea del Sarto
Heilige Familie
Kreuzabnahme

Rosso Fiorentino
Madonna.

RAUM **3**

Rubens
Vier Philosophen
Folgen des Krieges

van Dyck
Kardinal Betivoglio

Tizian
Kardinal Ippolito de' Medici.

RAUM **4**

Raffael
Porträt einer Dame

Giorgione
Drei Menschenalter

Fra Bartolomeo
Kreuzabnahme.

RAUM **5**

Raffael
Madonna delle Seggiola
Maddalena Doni
Madonna del Granduca

Perugino
Kreuzabnahme.

RAUM **6**

Andrea del Sarto
Himmelfahrt (2 Werke)

Tizian
Philipp II. von Spanien
Diego de Mendoza

Raffael
Porträt einer werdenden Mutter.

RAUM **7–17**
Verschiedene Kunstwerke.

RAUM **18**

Filippo Lippi
Madonna mit Kind.

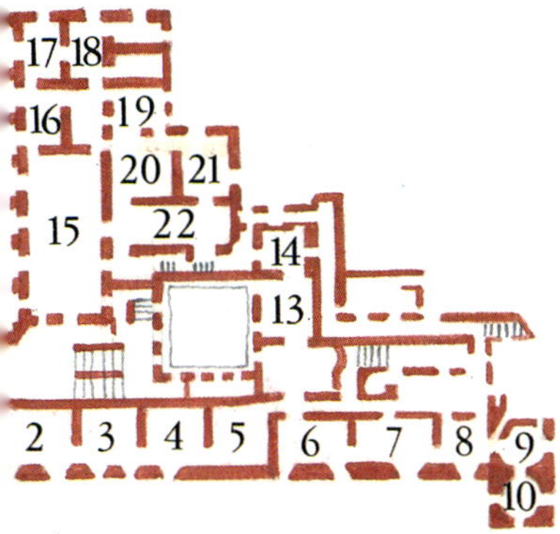

RAUM **22**

Rubens
Die drei Grazien.

RAUM **23**

Filippino Lippi
Tod der Lukrezia

Raffael
Madonna dell'Impannata.

RAUM **25**

Caravaggio
Schlafender Amor

Christoforo Allori
Judith mit dem Kopf des Holofernes.

RAUM **26**

Matteo Rosselli
Der Ruhm und die Tugenden (Decke)

Benedetto Bocchi
Bacchus-Mosaik.

Prunkgemächer

Die Räume wurden im 19. Jh. verschwenderisch durch Mitglieder des Hauses Savoyen ausgestattet. Zu sehen sind zahlreiche Porträts der Familie Medici von Sustermans.

Galleria d'Arte Moderna

Die einundvierzig Räume liegen direkt über der Galleria Palatina und stellen hauptsächlich Werke einheimischer Künstler aus.

Museo degli Argenti

In den Sommerappartements sieht man die Kristall-, Kameen-, Schmuck- und Elfenbeinsammlungen der Medici sowie den durch das Haus Lothringen hierher verbrachten Silberschatz der Erzbischöfe von Salzburg.

Palazzina Meridiana

Historische Kleidungsstücke, Gemälde, Möbel und Majolika.

Boboli-Gärten
Die Privatgärten der Medici wurden 1766 erstmals der Öffentlichkeit zugänglich gemacht. Öffnungszeiten: 9.00 – 16.30 (März, April, September, Oktober 17.30; im Sommer 18.30).

Isolotto
1618 von Alfonso Parigi gestaltet.

Giardino dei Cavalieri
Er liegt auf einer 1529 von Michelangelo errichteten Bastion.

Porzellan-Museum
Eine Sammlung mit Stücken aus Italien, Frankreich und Deutschland. Öffnungszeiten: 9.00 – 13.00; Montag geschlossen.

Überfluß
Ein Werk von Giambologna und Tacca.

Neptunbrunnen
1568 von Stoldo Lorenzi.

Kaffeehaus
Im Gebäude von ca. 1776 wird immer noch Kaffee serviert.

Obelisk Ramses' II.

Amphitheater
Die Gartenanlagen schuf 1599 Ammannati.

Fontana del Carciofo
1641 von Susini.

Grotta de Buontalenti
Hier sieht man eine Venus Giambolognas und Skizzen von Sklaven von Michelangelo.

Ganymedbrunnen
Herrlicher Blick auf die Stadt.

Fontana del Bacco
Er zeigt Pietro Barbino, den Zwerg Cosimos I., auf einer Schildkröte sitzend.

S. Maria del Carmine
Die Betrachter erkannten sofort, daß es sich bei den Fresken Masaccios in der Brancacci-Kapelle um Meisterwerke handelte, die allen jungen Künstlern als Vorbilder dienten. Zu ihnen gehörte auch der junge Michelangelo. Im Streit mit einem anderen Studenten, dessen Werk er geschmäht hatte, erlitt er einen Nasenbeinbruch.

Palazzo Manetti
In diesem Haus des 15. Jh. residierte Sir Horace Mann, der von 1740 – 86 britischer Gesandter war.

S. Spirito
Siehe S. 48/49.

Palazzo Guadagni
Um 1505 von Cronaca erbaut.

Palazzo Bianca Cappello
Erzherzog Franz verliebte sich in die schöne Venezianerin Bianca Cappello und erbaute für sie dieses Haus. Zwei Monate nach dem Tod seiner ersten Frau machte er sie zu seiner Erzherzogin. Die Florentiner hielten sie jedoch für eine Hexe, die mit Gift hantierte, und fühlten sich in diesem Glauben bestätigt, als beide Ehepartner am gleichen Tag an Malaria starben.

Palazzo Ricasoli
1740 beklagte sich Horace Walpole hier über den kalten Winter.

Palazzo Ridofi
Zwei Gebäude aus dem 15. und 16. Jh.

S. Spirito

Die Augustinermönche von S. Spirito opferten fünfzig Jahre lang jeden Tag eine Mahlzeit, um so ihre Kirche finanzieren zu können. Vasari meinte, das Gotteshaus hätte der perfekteste Tempel der Christenheit werden können, wenn man Brunelleschis Pläne nicht nach seinem Tod verändert hätte. An der Innenseite liegen insgesamt 38 Kapellen.

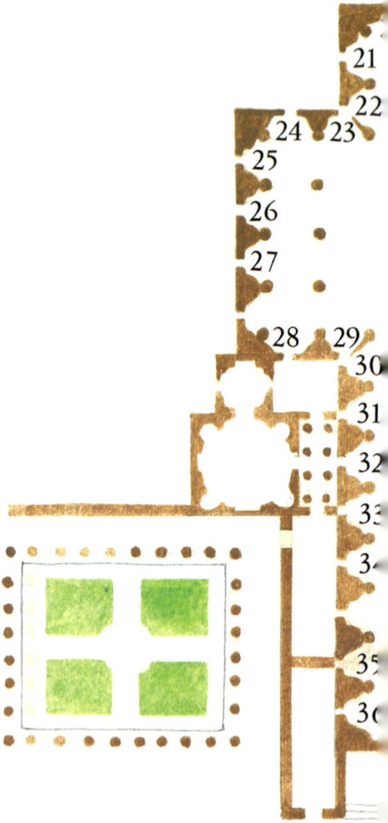

1. Pier Francesco Foschi
Disputation.

2. Nanni di Baccio Bigio
Kopie der Pietà Michelangelos.

3. Nanni Unghero
St. Nikolaus von Tolentino.

4. Giovanni Stradano
Christus und die Geldwechsler.

5. Gherardini
Marienkrönung.

6. Passignano
Martyrium des hl. Stephan.

7. Giovanni Baratta
Tobias und der Engel.

8. Curradi
Kreuzigung.

9. Pier Francesco Foschi
Verklärung.

10. Madonna von Soccorso

11. Buontalenti
Marmoraltar.

12. Filippino Lippi
Madonna mit Heiligen.

13. Kopie von Perugino
Maria und St. Bernhard.

14. Sagrestani
Hochzeit Mariens.

Rossellino
Sarkophag von Neri Capponi.

15. Madonna und Heilige

16. Maso di Banco
Polyptychon: Madonna mit Kind und Heiligen.

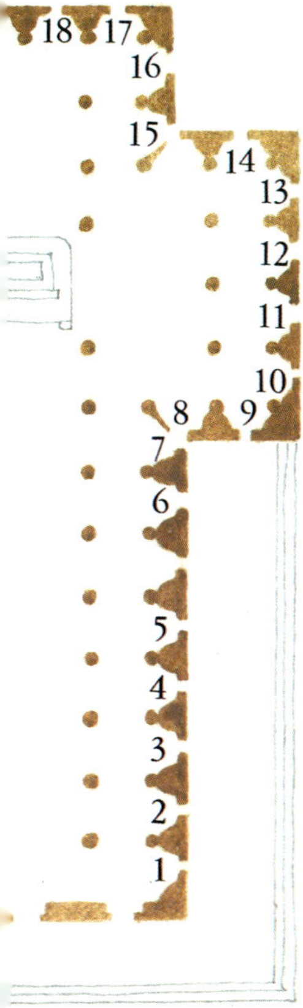

17. Aurelio Lomi
Dreikönigsfest.

18. Alessandro Allori
Märtyrer.

19. Alessandro Allori
Christus und die Ehebrecherin.

20. Jacopo Vignali
Clara von Montefalco.

21. Schule von Florenz
Verkündigung

22. Christi Geburt
(spätes 15. Jh.)

23. Madonna und Heilige

24. Verrocchio
St. Monika und Nonnen.

25. Cosimo Rosselli
Madonna und Heilige.

26. Sansovino
Corbinelli-Altar.

27. Meister von S. Spirito
Dreifaltigkeit und Heilige.

28. Raffaellino del Garbo
Madonna und Heilige.

29. Michele Ghirlandaio
Kreuzweg.

30. Madonna und Heilige

31. Petrucci
Pala Dei (Kopie).

Vestibül
Das Gewölbe stammt von Cronaca.

Sakristei
Nach dem Muster des Battistero.

33. Ridolfo del Ghirlandaio
Madonna, St. Anna und Heilige.

34. Rutilio Manetti
St. Thomas und Villanova.

35. Taddeo Landini
Kopie von Michelangelos Auferstehung.

36. Pier Francesco Foschi
Auferstehung.

S. Trinità
Die Fassade ist ein Werk Buontalentis. Auf den Fresken im Inneren stellt Domenico Ghirlandaio Szenen aus dem Leben des hl. Franziskus dar und porträtierte zahlreiche Zeitgenossen. Das Grabmal für Bischof Federighi schuf Luca della Robbia.

Palazzo Minerbetti

Casa Gucci
1978 kam es im Sitzungssaal der Familie zu einem Streit, und Paolo Gucci machte sich selbständig. Die Familie verbot ihm jedoch per Gerichtsbeschluß, den Namen zu verwenden. Er rächte sich, indem er etliche Details aus der Familiengeschichte

ausplauderte. Sein Vater Aldo wurde mit 88 Jahren in New York eingesperrt. Seine beiden Brüder stellte man in Rom vor Gericht, während Cousin Maurizio sich in die Schweiz absetzen konnte.
1987 beliefen sich die Kosten für Prozesse innerhalb der Familie Gucci auf über eine Million Mark.

Palazzo Strozzi del Poeta

Palazzo Bartolini-Salimbeni
Errichtet 1623.

Justitia-Säule
Dieses Geschenk von Papst Pius IV. stammt aus den römischen Caracalla-Thermen.

52 **Palazzo Rucellai**
Die Familie Rucellai benannte dieses Haus nach einem von ihnen importierten Farbstoff (oricello). Mit der Errichtung des ersten klassischen Hauses von Florenz beauftragten sie 1452 Leon Battista Alberti. Die gegenüberliegende Loggia wurde anläßlich der Feierlichkeiten errichtet, die 1466 zur Hochzeit von Bernardo Rucellai und Nannina de' Medici stattfanden.

S. Pancrazio
Die Kirche ist heute profaniert und birgt ein Skulpturenmuseum. Die Rucellai-Kapelle befindet sich in der Via della Spada 18.

Palazzo Strozzi
Da Filippo Strozzi befürchten mußte, daß die Obrigkeit Einwände erheben würde, wenn er sich das größte Haus in der Stadt baute, ging er mit den Plänen kurzerhand zu Lorenzo de' Medici und erklärte: »Seht her, was der Architekt geplant hat. Das Haus ist doch viel zu groß für einen einfachen Mann wie mich.« Wie erwartet, stimmte Lorenzo dem nicht zu.

S. Gaetano

Palazzo Antinori
Früher verkaufte die Familie Antinori, wie viele andere Adlige auch, Wein vor dem Haus. Heute findet der Verkauf innerhalb des Gebäudes von 1469 in einer Weinbar statt.

Palazzo Larderel

Stazione Centrale
Hauptbahnhof.

Sita Autobus
Hier fahren die Busse nach Siena ab.

Loggia di S. Paolo
Eine Kopie von Brunelleschis Loggia degli Innocenti.

S. Maria Novella
Der militante Orden der Dominikaner (Domini Canes, die »Hunde des Herrn«) wollte alle Ketzerei ausrotten. Eine »beliebte« Art von Vergnügen bei ihnen war die Selbstgeißelung, zu der sie Psalmen sangen, und die sie an jedem ersten und dritten Sonntag im Monat durchführten.

Boccaccio siedelte die ersten Szenen seines »Decamerone« in dieser Kirche an, die gerade fertiggestellt war, als 1347 – 49 eine Pestepedimie in Florenz wütete. Mit seiner Fassade hatte Alberti erstmals versucht, klassische römische Stilelemente in die Sakralarchitektur einzubringen. Damit jeder genau sehen konnte, wer dafür bezahlt hatte, ließ die Familie Rucellai ihren Namen und ihr Wappen, ein geblähtes Segel, besonders gut sichtbar anbringen.

Croce al Trebbio
Hier fand eine Auseinandersetzung zwischen Dominikanern und »Ketzern« statt.

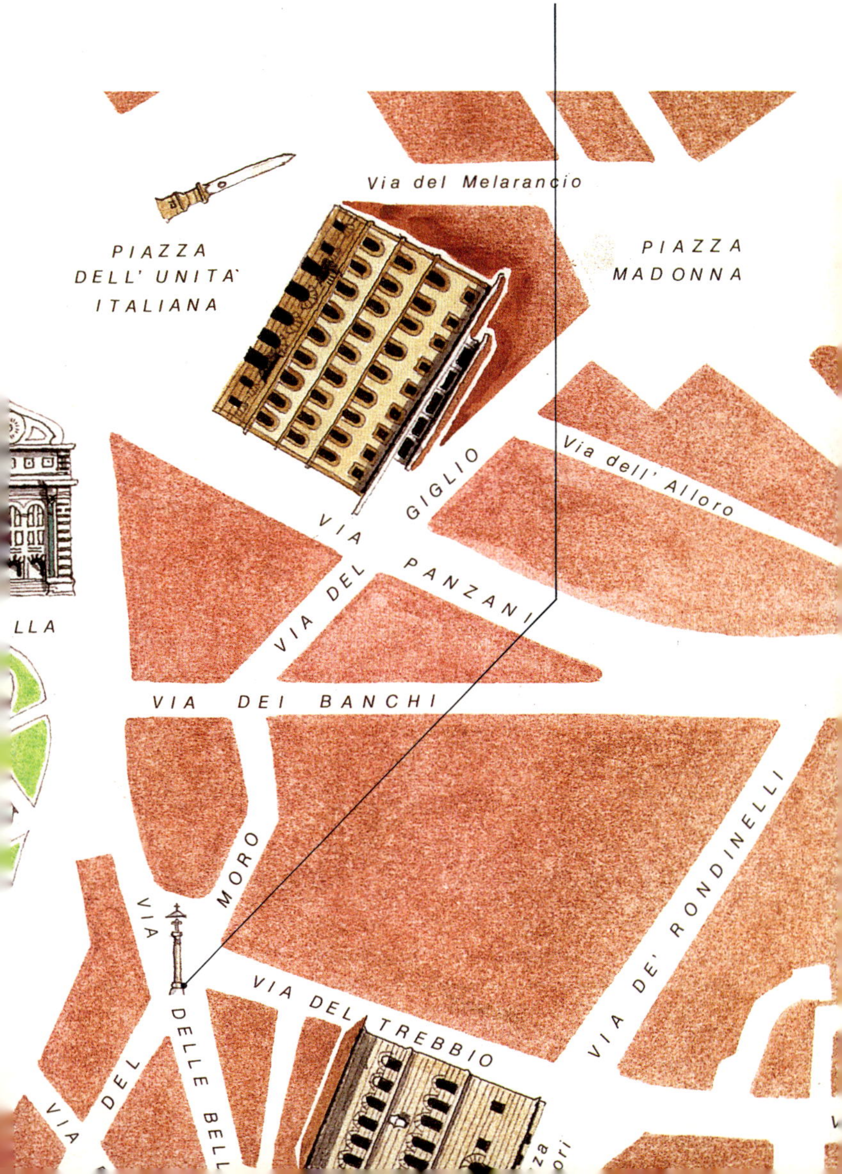

Kreuzgang

Öffnungszeiten: 9.00 – 19.00; Sonntag 8.00 – 14.00; Freitag geschlossen.

1. Annakapelle
Die Fresken zeigen die hl. Anna und Heilige.

2. Chiostrino dei Morti
Der älteste Teil des Klosters von ca. 1270.

3. Spanische Kapelle
Sie wurde für Eleonore von Toledo eingerichtet und um 1365 von Andrea di Bonaiuto mit Fresken ausgeschmückt.

4. Museo d'Arte Sacra
Reliquien, Meßgewänder und andere Exponate.

5. Grüner Kreuzgang

Paolo Uccello
Die Fresken stellen Szenen aus der Genesis dar und wurden in Grün gehalten (terraverde).

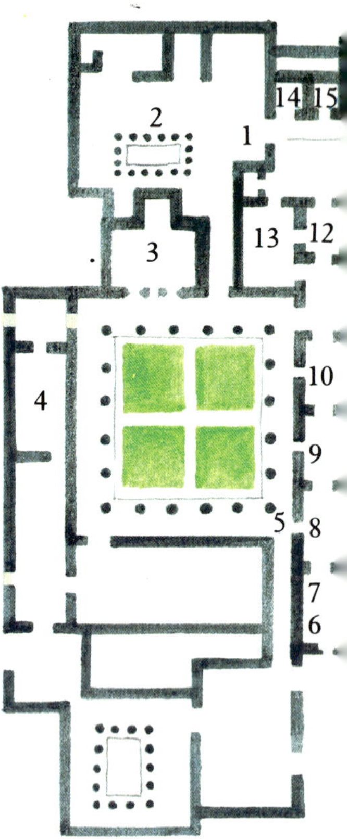

Innenraum

Strozzi-Kapelle
Die Fresken schuf um 1357 Nardo di Cione.
Gewölbe: Thomas von Aquin und die Tugenden.
Hintere Wand: Jüngstes Gericht.
Rechte Wand: Inferno.

6. Santi di Tito
Auferweckung des Lazarus
Verkündigung.

7. Grab des Antonio Strozzi

8. Alessandro Allori
Christus an der Quelle.

9. Masaccio
Dreifaltigkeit.

10. Vasari
Auferstehung.

12. Alessandro Allori
St. Hyazinth.

13. Sakristei

Giotto
Kruzifix (über dem Eingang).

Giovanni della Robbia
Lavabo.

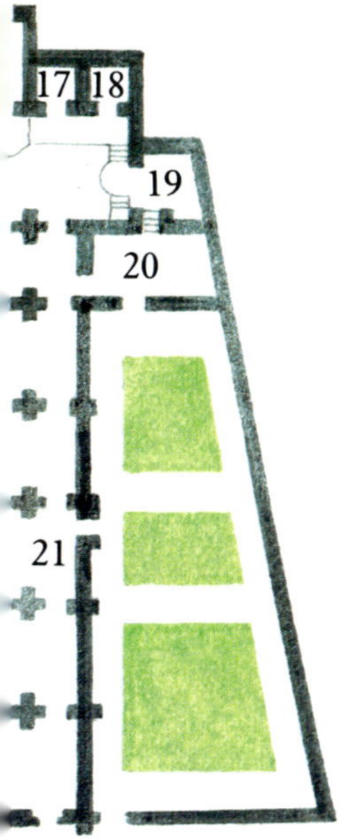

14. Gaddi-Kapelle

Bronzino
Auferweckung der Tochter des Jairus.

15 Gondi-Kapelle

Brunelleschi
Holzkruzifix. Beim Anblick dieses Kunstwerks soll der erstaunte Donatello eine Schürze voll Eier fallengelassen haben. Brunelleschi hatte es nämlich heimlich als Gegenstück zu seinem in S. Croce befindlichen Kruzifix gefertigt: Er war der Meinung, der Heiland dort hätte Ähnlichkeit mit einem Bauer, und wollte zeigen, wie der Erlöser wirklich aussehen sollte...

16. Hauptaltar
Kruzifix von Giambologna.

Domenico Ghirlandaio
Fresken (geringer Eintritt).
Rechte Wand: Szenen aus dem Leben Johannes' des Täufers.
Linke Wand: Szenen aus dem Marienleben.
Hintere Wand: Marienkrönung. Wunder des hl. Dominikus.
Gewölbe: Vier Evangelisten.

17. Strozzi-Kapelle
Filippino Lippi
Rechte Wand: Kreuzigung und Wunder des hl. Philipp.
Linke Wand: Martyrium des hl. Johannes, Auferweckung der Drusiana.
Gewölbe: Adam, Noah, Abraham und Jakob.

Grab von Filippo Strozzi
Von Benedetto de Maiano.

18. Bardi-Kapelle

Vasari
Rosenkranzmadonna.

19. Rucellai-Kapelle

Nino Pisano
Madonnenstatuette.

20. Pura-Kapelle

Jacopo il Meglio
Predigt des hl. Vinzent Ferreri

21. Naldini
Mariä Reinigung
Kreuzabnahme.

Fortezza da Basso
Die Festung wurde 1529 nach dem Fall der Republik errichtet, um die Garnison zu schützen, die dem unbeliebten Alessandro de' Medici den Rücken stärken sollte. Die Truppen kamen aus Spanien, da man diese Aufgabe keinem Florentiner anvertrauen konnte. Das Gebäude ist heute nur bei Ausstellungen zugänglich.

Palazzo dei Congressi
Ein internationales Kongreßzentrum.

Mercato Centrale
Der Hauptmarkt von Florenz wurde 1874 von Guiseppe Mengoni eingerichtet.

Viale
Die Straßenzüge markieren den Verlauf der alten Stadtmauern,

die im 19. Jh. geschleift wurden, als Florenz für kurze Zeit (1861–75) Hauptstadt des neu geeinten Königreiches Italien war. Man hielt damals alte mittelalterliche Mauern einer modernen, expandierenden Stadt für unwürdig.

Museo Archeologico
Hier befindet sich eine der bedeutendsten Sammlungen von Funden aus der Etruskerzeit in Italien. Im ersten Stock ist eine ägyptische sowie eine etrusk-isch-griechisch-römische Abteilung untergebracht. Öffnungszeiten: 9.00 – 14.00 (Sonntag 13.00); Montag geschlossen.

Palazzo Capponi

S. Apollonia
Wer in dieses ehemalige Kloster gelangen und das »Letzte Abendmahl«, das Meisterwerk Andrea del Castagnos von ca. 1450 sehen möchte, muß an der Pforte läuten.

Palazzo Pandolfini
Das Gebäude wurde 1520 nach Plänen Raffaels errichtet.

S. Marco
Siehe S. 62/63.

Palazzo Marucelli

Casino Mediceo
Das Gebäude wurde 1574 für einen unehelichen Sohn von Francesco I. errichtet und beherbergt heute das Gericht.

Galleria dell'Accademia
Hier sind das Original von Michelangelos David (1501 – 1504) zu sehen, die Vier Gefangenen, die für das Grab von Julius II. bestimmt waren (1521 – 1523), und sein Matthäus, der einzige fertiggestellte Apostel für die Domfassade. Außerdem Werke von Botticelli, Filippino Lippi, Bronzino und anderen Künstlern. Öffnungszeiten: 9.00 – 14.00 (Sonntag 13.00); Montag geschlossen.

Universität
Das Studio Generale wurde 1321 von der Stadt Florenz gegründet.

Cosimo de' Medici richtete in diesem 1437 – 52 von Michelozzo errichteten ehemaligen Dominikanerkloster die erste öffentliche Bibliothek Europas ein. Heute ist hier ein Fra Angelico von Fiesole gewidmetes Museum untergebracht.

Kreuzgang des hl. Antonius
Fra Angelico malte die vier Ecken-Fresken: Thomas von Aquin, Christus wird von den Dominikanern willkommen geheißen, Pietà, St. Dominik unter dem Kreuz.

1 Pilgerhospiz

Fra Angelico
Kreuzabnahme
Madonna mit Kind und Heiligen
Eheschließung und Grablegung Mariens
Jüngstes Gericht
Namensgebung Johannes' des Täufers
Leben Christi
Madonna della Stella
Madonna mit Kind
Kreuzabnahme
Thronende Gottesmutter (mit Marmorrahmen von Ghiberti)
Pala del Bosco ai Frati
Marienmedaillon
Thronende Madonna
Cosmas und Damian
Verkündigung
Anbetung der Könige.

Alesso Baldovinetti
Hochzeit zu Kana
Taufe Christi
Verklärung.

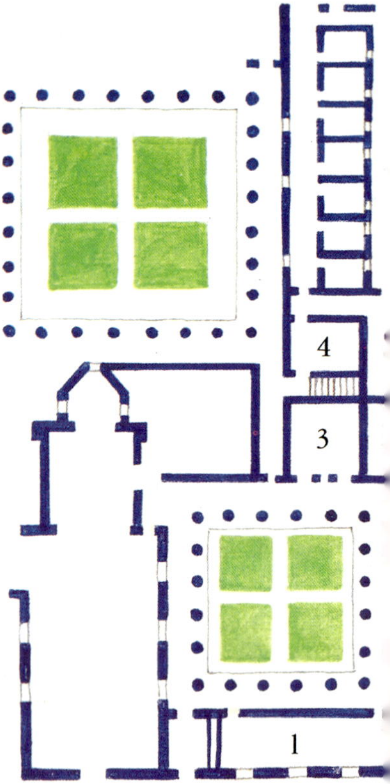

2 Großes Refektorium

(oft geschlossen).

Fra Angelico
Lunette mit St. Peter dem Märtyrer
Kreuzigung mit den Heiligen Nikolaus und Franziskus.

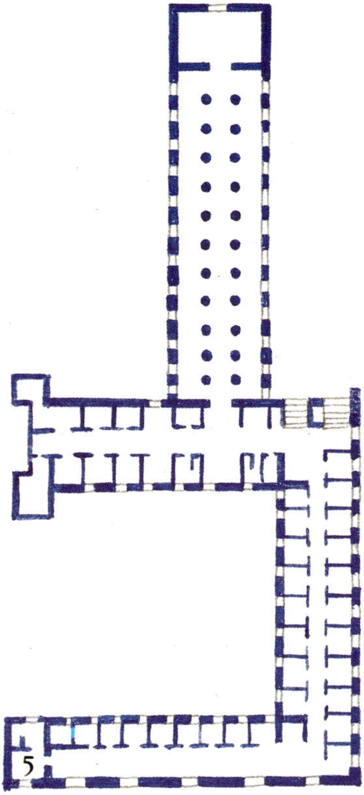

3 Kapitelhaus

Fra Angelico
Fresko: Kreuzigung und Heilige.

4 Kleines Refektorium

Domenico Ghirlandaio
Fresko: Letztes Abendmahl.

Della Robbia
Terrakotten.

Korridor

Sammlung mit Architekturfragmenten.

Erster Stock

Gleich an der Treppe befindet sich Fra Angelicos berühmte Verkündigung. Das Dormitorium umfaßt 44 Zellen. Jede ist mit einem von Fra Angelico oder seinen Mitarbeitern geschaffenen Fresko geschmückt.

5 Zelle Savonarolas

Der Mönch wurde 1498 aus dieser Zelle zur Folter und späteren Hinrichtung abgeholt.

Fra Bartolommeo
Porträt Savonarolas.

Bibliothek

Der 1414 von Michelozzo ausgestattete Raum birgt zahlreiche illuminierte Gesangbücher und Psalter.

Markuskirche

Fra Bartolommeo
Madonna und Heilige.

Byzantinisches Mosaik
Betende Madonna (8. Jh.).

64 **Palazzo Medici-Riccardi**

Zunächst erteilte Cosimo de' Medici Brunelleschi den Auftrag, dieses Gebäude zu errichten, wies aber sein Modell als zu großartig zurück. »Neid«, pflegte er zu sagen, »ist eine Pflanze, die man nicht begießen sollte.« Als Brunelleschi dies hörte, zertrümmerte er sein Modell. Cosimo wandte sich nun an Michelozzo, der das Haus 1460 fertigstellte. Es war damals würfelförmig wie der Palazzo Strozzi, wurde aber nach dem 1659 erfolgten Verkauf an die Familie Riccardi verlängert. Im Inneren befindet sich die Medici-Kapelle.

Medici-Kapelle
Hier sind herrliche Fresken von Benozzo Gozzoli zu sehen. An der »Prozession der Drei Weisen« (1459/60) nehmen auch Mitglieder der Familie Medici und andere Florentiner teil. Öffnungszeiten: 9.00 – 19.00 (Sonntag 13.00); Montag geschlossen.

Ospedale degli Innocenti
Das Gebäude wurde 1419 von Brunelleschi als Heim für Findelkinder geplant. Andrea della Robbia schuf die blauen und weißen Medaillons. In der Galerie sieht man Werke von Domenico Ghirlandaio und anderen Künstlern. Öffnungszeiten: 9.00 – 19.00 (Sonntag und im Winter 13.00); Montag geschlossen.

SS. Annunziata

Die Kirche wurde 1250 von den Serviten gegründet und zwischen 1444 und 1481 von Michelozzo und anderen neu erbaut.

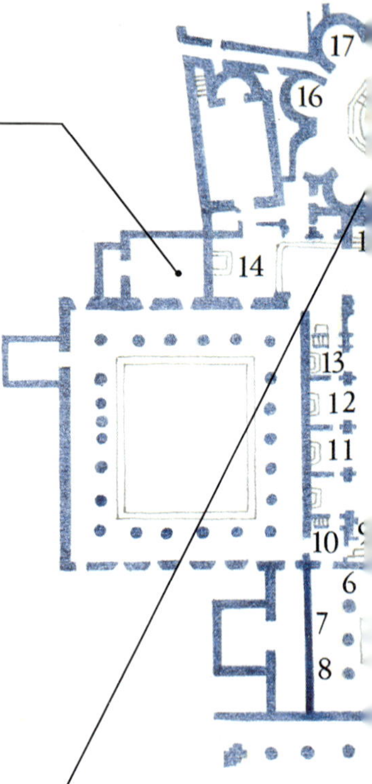

Lukaskapelle

Gehörte der Bruderschaft der Künstler, von denen viele hier begraben sind, z. B. Cellini und Pontormo.

Vasari
Selbstporträt als hl. Lukas, der die Madonna malt.

Pontormo
Madonna und Heilige.

Luca Giordano
Deckenfresko: Vision des hl. Bernhard.

Chiostro dei Voti
Die Fresken von rechts nach links:

1. **Rosso Fiorentino**
Himmelfahrt.

2. **Pontormo**
Heimsuchung.

3. **Franciabigio**
Marienhochzeit.

4. **Andrea del Sarto**
Geburt Mariens
5. Einzug der drei Weisen (mit Selbstporträt).

6. **Alesso Baldovinetti**
Christi Geburt.

7. **Cosimo Rosselli**
S. Filippo Benizzi.

8. **Andrea del Sarto**
4 Szenen aus dem Leben des Filippo Benizzi.

Apsis
Begonnen von Michelozzo und 1477 von Alberti vollendet.

9. **Schrein der Madonna**
Hinter Gitter eine Verkündigung, die ein Mönch mit der wundersamen Unterstützung durch einen Engel malte. Jahrhundertelang wallfahrteten Frauen hierher, die sich ein Kind wünschten.

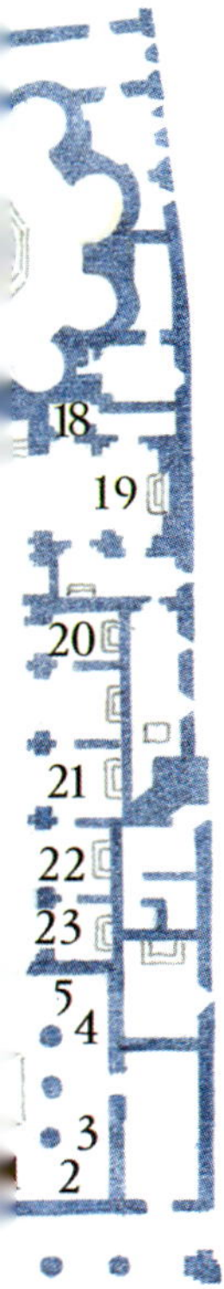

10. Medici-Kapelle

Andrea del Sarto
Haupt des Erlösers.

11. Andrea del Castagno
Dreifaltigkeit und Heilige
Vision des hl. Julian.

12. Giovanni Stradano
Kreuzigung.

13. Perugino
Himmelfahrt.

14. Michelozzo
Terrakotta: Johannes der Täufer.

15. Grab des Bischofs Angelo Marzi Medici
von Francesco da Sangallo.

16. Bronzino
Auferstehung.

17. Sarkophag von Giambologna

18. Bandinelli
Der Leichnam Christi mit Nikodemus (ein Selbstporträt). Hinter dem Grabmal befinden sich Reliefs von Bandinelli, der hier begraben ist, und seiner Frau.

19. Gemalter Kruzifixus
von Alessandro Baldovinetti.

20. Denkmal für Orlando de' Medici
von Bernardo Rossellino.

21. Colloredo-Kapelle
entworfen von Matteo Nigetti.

22. Holzkruzifix
von Antonio da Sangallo.

23. Empoli
Madonna.

Matteo Rosselli
Gewölbefresken.

Palazzo Sforza-Alimeni
Aus dem frühen 16. Jh.

S. Maria Nuova
Folco Portinari, der Vater von Dantes Beatrice, gründete 1286 dieses Hospital.

Rotunda S. M. I. Angeli
Brunelleschi begann 1434 mit dieser Spielart des römischen Minerva-Tempels, ließ den Bau aber unvollendet.

Museo di Firenze com'era
Im Museum kann man sich ein Bild davon machen, wie es einst in Florenz aussah. Öffnungszeiten: 9.00 – 13.00; Donnerstag geschlossen.

Casa Cellini
Als Cellini hier 1554 die Figur seines Perseus goß, kam es zu einem Unglücksfall. Der Kessel sprang, und ein Teil der Legierung floß in die Flammen. Man warf versuchsweise 200 Zinnteile in die Form, um so den Verlust auszugleichen. Cellini legte sich mit einem Fieberanfall ins Bett. Als er aufwachte und die Form öffnete, fand er zu seinem Erstaunen eine komplette Statue vor, und nicht eine Unze Metall war übrig. Er betrachtete das Ganze als ein Wunder.

Teatro della Pergola
Hier befindet sich seit 1656 ein Theater.

Casa Buonarroti
Michelangelo hat selbst nie hier gelebt. 1508 kaufte er jedoch drei Häuser, die er 1564 seinem Neffen Leonardo zusammen mit verschiedenen Plänen für diese Gebäude überließ. Seit 1858 befindet sich hier ein öffentliches Museum, in dem verschiedene Zeichnungen und Skulpturen des Meisters zu sehen sind, so beispielsweise sein Holzmodell für die Fassade von S. Lorenzo. Öffnungszeiten: 9.00 – 13.00; Donnerstag geschlossen.

Loggia del Pesce
Das Gebäude stand einst an der Ponte Vecchio und diente als Fischmarkt.

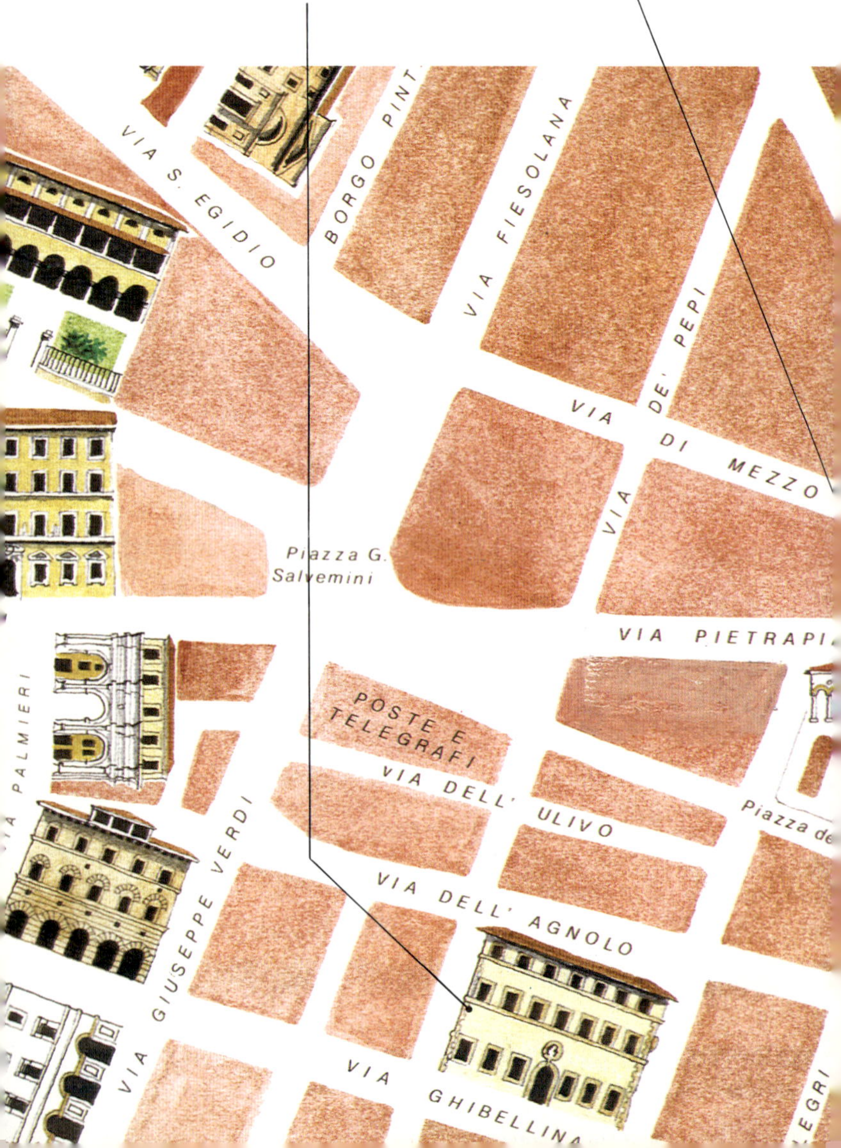

S. Ambrogio
Hinter der im 19. Jh. errichteten Fassade liegt die im 13. Jh. erbaute Kirche. Sie birgt ein Fresko mit Maria und Heiligen aus der Schule von Orcagna und einen Tabernakel von Mino da Fiesole, der hier begraben liegt. Auf dem von Cosimo Rosselli geschaffenen Fresko, das eine Prozession mit einem wundertätigen Kelch zeigt, sieht man zahlreiche Porträts seiner Zeitgenossen.

Synagoge
Das Gebäude wurde 1882 im spanisch-maurischen Stil errichtet.

Porta Beccaria

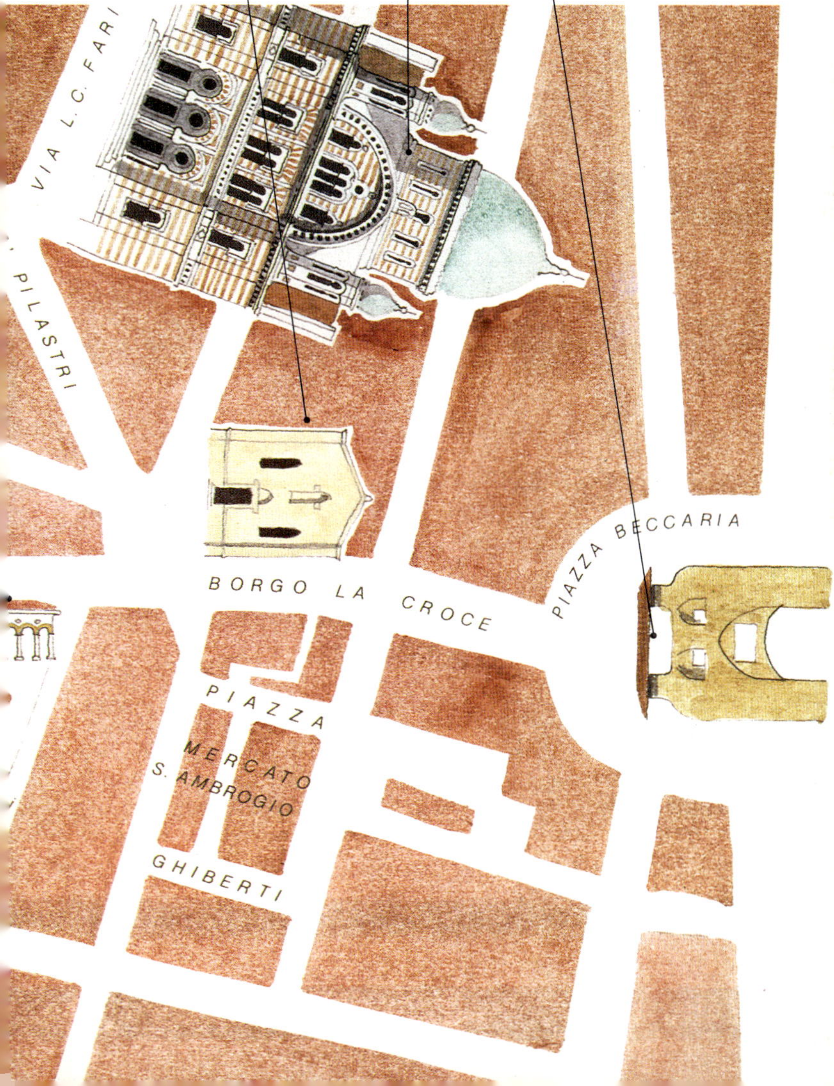

Palazzo Nonfinito
Das Haus, an dem Buontalenti und andere Künstler arbeiteten, blieb unvollendet und birgt heute das Museo Nazionale di Antropologia ed Etnologia.

Palazzo Pazzi
Hier wurde die Pazzi-Verschwörung ausgeheckt, der dann einer der Medici-Brüder im Dom zum Opfer fiel.

Bargello
Das Gebäude wurde 1255 als Palazzo del Popolo errichtet, bald aber schon zur Residenz des Podestà gemacht (des Regenten, der gewöhnlich ein Fremder war, weil man so auf Unparteilichkeit hoffen konnte). 1574 wurde hier das Polizeihauptquartier untergebracht, und man richtete auch Gefängniszel-

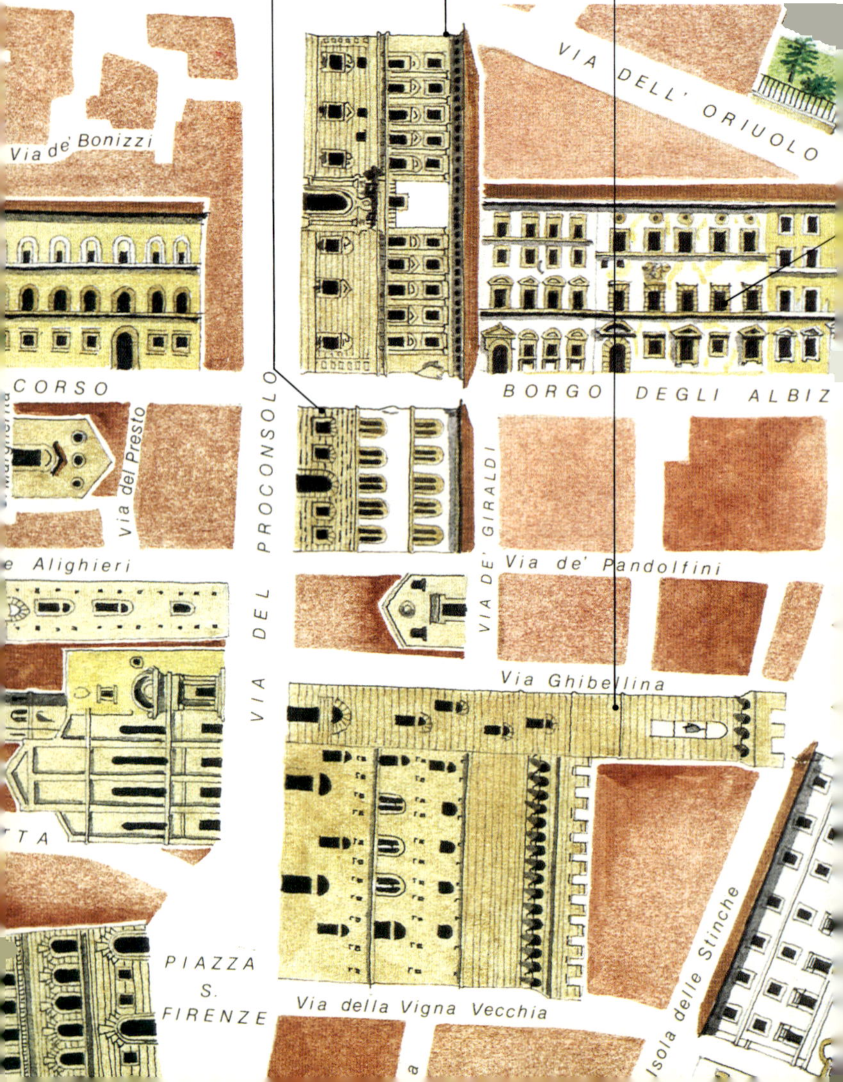

len (bargello) ein. Heute befindet sich hier das Florentiner Skulpturenmuseum. Öffnungszeiten: 9.00 – 14.00 (Sonntag 13.00); Montag geschlossen.

Palazzo Ramirez-Montalvo
Gebäude von Ammannati aus dem Jahr 1568.

Palazzo Altoviti
Wegen der Skulpturen, die berühmte Florentiner darstellen, nennt man das Gebäude auch »Palazzo der Gesichter«.

Palazzo Salviati-Quaratesi

S. Pier Maggiore
Von der Kirche blieb lediglich die Vorhalle erhalten.

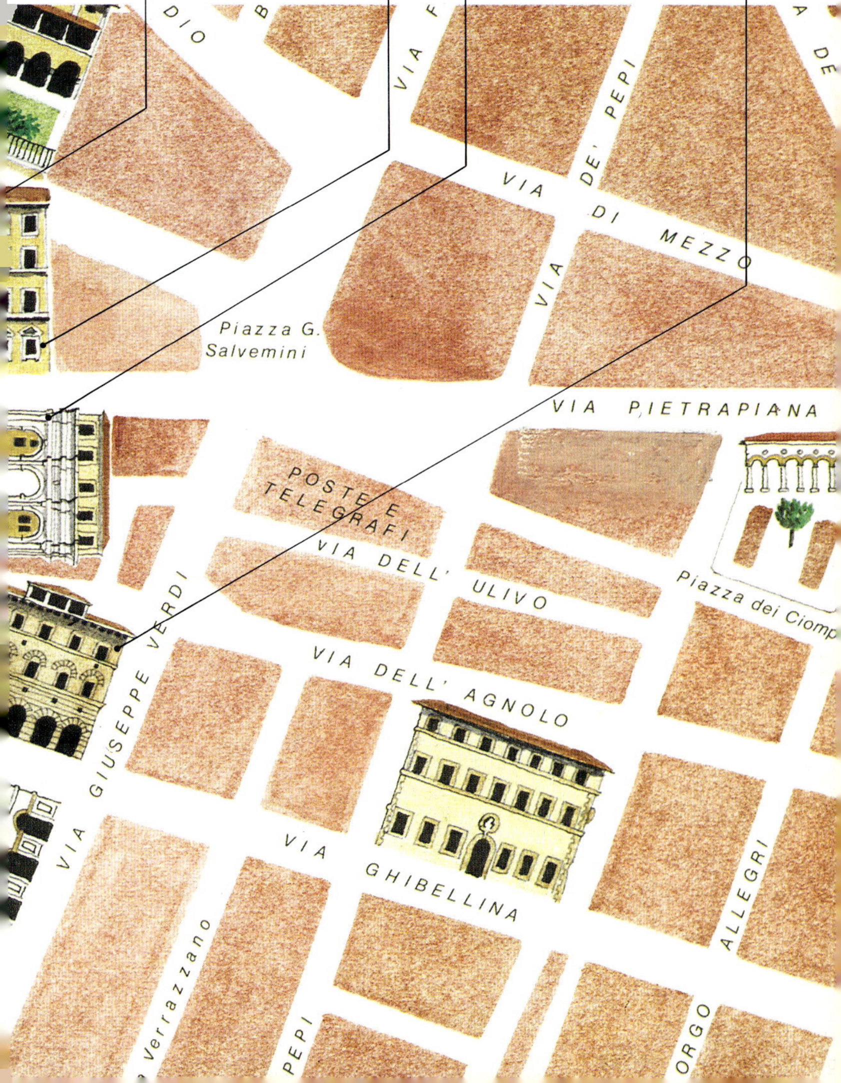

Bargello

RAUM 1

Taddeo Gaddi
Fresko: Madonna mit Kind.

Rustici
Terrakotta: Reiter in der Schlacht.

Sansovino
Terrakotta: Madonna mit Kind.

Michelangelo
Bacchus, sein erstes Hauptwerk
Tondo: Madonna mit Kind
Büste des Brutus
Apollo (oder David).

Cellini
Büste Cosimos I.
Narcissus
Perseus befreit Andromeda
Statuetten von Perseus, Merkur, Minerva, Jupiter und Danae mit ihrem Sohn.

Ammannati
Zwei Grazien.

Vincenzo Danti
Moses und die Schlange
Die Ehre überwindet die Niederlage
Bronzetürflügel.

CORTILE

Danti
Cosimo I. als Römer.

Niccolo di Piero Lamberti
Der hl. Lukas (aus Orsanmichele).

Ammannati
Sechs Statuen.

RAUM 2

Paolo di Giovanni
Madonna mit Kind.

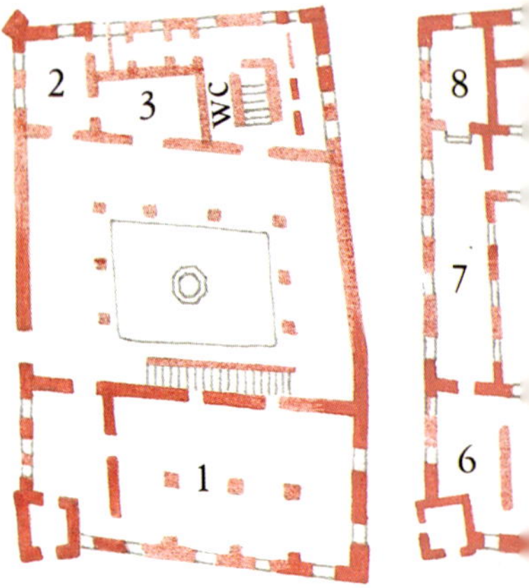

Untergeschoß *Erster*

Arnolfo di Cambio
Drei Akoluthen.

Tino de Camaino
Madonna mit Kind.

RAUM 3

Sonderausstellungen.

RAUM 4

Skulpturen des 16. Jh.

RAUM 5

Donatello
David (1409)
Der hl. Georg (Orsanmichele)
Der Marzocco (Löwe).
Bronzefigur des David (1430)
Amor Attis.

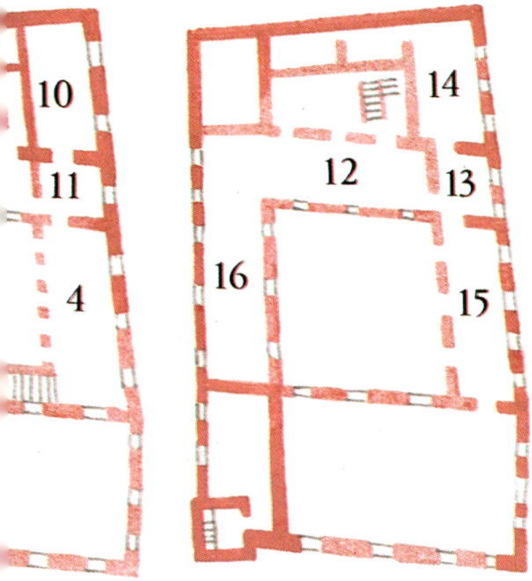

Stock *Zweiter Stock*

Michelozzo
Zwei Madonnen.

Lucca della Robbia
Madonna mit Apfel
Madonna im Rosengarten
Lünette
Zwei Szenen mit dem hl. Petrus.

Agostino di Duccio
Madonna mit Kind.

Desiderio da Settignano
Johannes der Täufer
Panciatichi-Madonna
Büste eines Kindes
Junge Frau.

Vecchietta
S. Bernardino von Siena.

Ghiberti und Brunelleschi
Proberelief für die Tore des Battistero.

RAUM **6**

Islamische Kunstwerke.

RAUM **7**

Carrand-Sammlung

RAUM **8**

Kapelle mit Fresken des 14. Jh.

RAUM **9**

Elfenbeinsammlung

RAUM **10**

Majolika-Sammlung

RAUM **11**

Bruzzichelli-Stiftung

RAUM **12**

Giovanni della Robbia
Christi Geburt.

Bernini
Büste der Constanza Bonarelli.

RAUM **13**

Andrea della Robbia
Büste eines Knaben
Porträt eines Mädchens.

RAUM **14**

Verrocchio
David
Frau mit Blumenstrauß.

Palazzo Cocchi
Erbaut um 1480.

Römisches Amphitheater
Die Straßen markieren immer noch den Verlauf der Mauern des alten Theaters, das im 2. Jh. errichtet wurde und bis zu 15 000 Zuschauer faßte.

Piazza S. Croce
An diesem Ort fanden früher Turniere, Spiele und andere Veranstaltungen statt, so beispielsweise im 16. Jh. ein florentinisches Fußballspiel.

Palazzo Corsini
Heute das Wappeninstitut.

Torre Alberti

Museo Horne (Palazzo Corsi)
In diesem im 15. Jh. von Cronaca erbauten Gebäude befindet sich eine Sammlung von Gemälden und Skulpturen des 14. – 16. Jh. Öffnungszeiten: 9.00 – 13.00; Sonntag geschlossen.

S. Croce
Grundriß siehe S. 78/79.

Pazzi-Kapelle und Museo dell'Opera di S. Croce
Sie zählt zu den berühmtesten Werken von Brunelleschi. Das Innere schmücken Medaillons der zwölf Apostel von Luca della Robbia. Öffnungszeiten: 10.00 – 12.30 und 15.00 – 17.00 (im Sommer 18.00); Mittwoch geschlossen.

S. Croce

Die Franziskanerkirche wurde 1294 begonnen, aber erst 1442 geweiht. Die Fassade fügte 1863 Niccolò Matas hinzu.

NICCOLINI-KAPELLE
Kuppelfresken von Volterrano; zwei Gemälde von A. Allori.

BARDI-KAPELLE
Donatello
Holzkruzifix.

SALVIATI-KAPELLE
Grabmal für Prinzessin Sofia Czartoryska von Lorenzo Bartolini.

Grabmal von Carlo Marsuppini
Er war Kanzler von Florenz, das Monument stammt von Desiderio da Settignano (1464).

Bronzino
Pietà.

Grabplatte von Lorenzo Ghiberti
und seinem Sohn Vittorio.

Grab Galileis
geschaffen von Foggini und Ticciati.

Santi di Tito
Auferstehung.

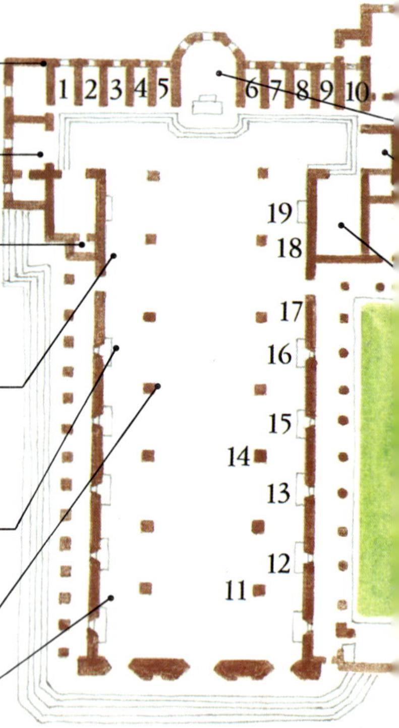

1. BARDI-KAPELLE
Fresken von Maso di Banco.

2. PULCI-KAPELLE
Fresken von Bernardo Daddi.

3. RICASOLI-KAPELLE
Fresken aus dem 19. Jh.

4. CAPPONI-KAPELLE
Modernes Monument für die italienischen Mütter von Andreotti.

5. TOSINGHI-KAPELLE
Giotto zugeschriebene Himmelfahrt am Außenbogen; Altargemälde des 14. Jh.

6. BARDI-KAPELLE GIOTTO
Leben des hl. Franziskus.

7. PERUZZI-KAPELLE GIOTTO
Leben des Evangelisten Johannes.

8. BUONAPARTE-KAPELLE

9. CALDERINI-KAPELLE
Fresken von Taddeo Gaddi.

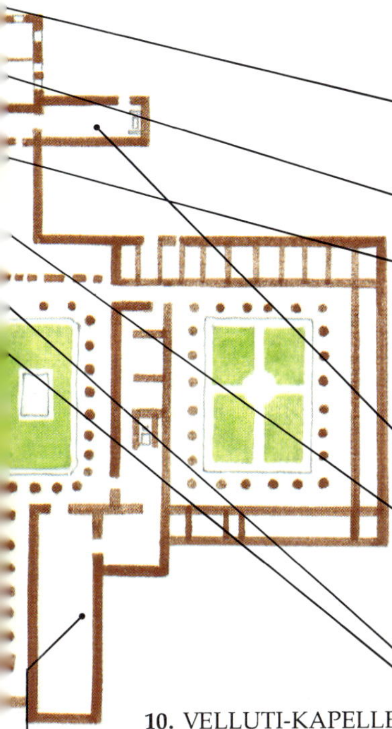

16. Grab von Machiavelli
von Innocenzo Spinazzi (1787).

17. Donatello
Verkündigung.

RINUCCINI-KAPELLE
Fresken von Giovanni da Milano und anderen (1366).

SAKRISTEI
Kreuzigung von Taddeo Gaddi.

SANKTUARIUM
Agnolo Gaddi
Legende des wahren Kreuzes.
Kruzifix
Giotto-Schule.
Altargemälde
von Niccolo Gerini.

NOVIZEN-KAPELLE
Tabernakel von Mino da Fiesole.

BARONCELLI-KAPELLE
Fresken von Taddeo Gaddi (Marienleben).
Giotto
Altargemälde: Marienkrönung.

PAZZI-KAPELLE
von Filippo Brunelleschi.

CASTELLANI-KAPELLE
Fresken von Agnolo Gaddi und anderen.

10. VELLUTI-KAPELLE
Verblichene, den hl. Michael darstellende Fresken eines Schülers von Cimabue.

11. Madonna del Latte
von Antonio Rossellino.

12. Grabmal Michelangelos
von Vasari.

13. Kenotaph Dantes
1829 von Stefano Ricci.

14. Kanzel
von Maiano.

15. Canova
Grab von Vittorio Alfieri.

Museo dell'Opera di S. Croce
Letztes Abendmahl und Baum des Kreuzes von Taddeo Gaddi; großes Kruzifix von Cimabue; Reste der Hölle von Orcagna.

18. Grab von Leonardi Bruno
Kanzler von Florenz, das Monument von Bernardo Rossellino.

19. Grab von Gioacchino Rossini
Der Komponist, ein Werk von Cassioli.

Forte di Belvedere
Das Fort wurde für eine Garnison errichtet, die den Herzog vor seinen republikanisch gesinnten Untertanen schützen sollte. Es wurde erst 1958 der Öffentlichkeit zugänglich gemacht und wird heute für Ausstellungen genutzt. Der treffende Name lautet übersetzt »schöner Blick«. Die Pläne stammen von einem ebenfalls treffend »Buontalenti« genannten Meister. Zu seinen »guten Talenten« soll auch die Tatsache gehören, daß er das Grundrezept für Eiscreme erfand.

Porta S. Giorgio
Teile der Mauern entstanden 1258.

Casa Galileo
In den Augen Galileis müssen die Monde des Jupiter gewirkt haben wie die Kugeln an den Ärmeln der Medici, denn er nannte sie *Medicea Sidera*. Er war der erste Physiker, der sich weigerte, die Theologie als Wissenschaft anzuerkennen, was ihn vor die Inquisition brachte.

Palazzo Torrigiani
Ein Gebäude des 16. Jh.

Museo Bardini
Ausgewählte Kunstsammlung. Öffnungszeiten: 9.00 – 14.00 (Sonntag 13.00); Mittwoch geschlossen.

Palazzo Mozzi
In der Zeit von 1260 bis 1273 errichtet.

»Zimmer mit Ausblick«
Dieses bescheidene Hotel, heute Jennings Riccioli, diente Edward Morgan Forster als Vorbild für seine Pension Bertolini, die in seinem Roman »A Room with a View« eine Rolle spielt. In Forsters Tagen hatte man von hier aus einen schönen Blick auf den Dom, der heute allerdings durch die Biblioteca Nazionale verstellt wird.

Biblioteca Nazionale
Die Sammlung entstand aus den der herzoglichen Bibliothek gehörenden illuminierten Handschriften und Büchern und besitzt heute Briefe von Machiavelli, Michelangelo, Poliziano und Tasso sowie an die 300 Schriften Galileis. Öffnungszeiten: 9.00 – 19.00 an Werktagen.

S. Niccolò
Michelangelo soll sich im Glokkenturm versteckt haben, um so der Verhaftung zu entgehen, die ihm und anderen politischen Aktivisten nach dem Fall der Republik im Jahre 1529 drohte. Er hatte die südlichen Verteidigungsanlagen befehligt, die zum Schutz vor den Armeen des Papstes und des Kaisers errichtet worden waren. Im Inneren der Kirche befinden sich Fresken, die St. Ansano darstellen, und die Sakristei birgt die Madonna della Cintola (spätes 15. Jh.).

Porta S. Niccolò
Das größte der alten Tore.

Porta S. Miniato

S. Miniato Al Monte

Während der Christenverfolgungen unter Kaiser Decius wurde im Jahre 250 der Märtyrer Minias im Amphitheater von Florenz enthauptet. Man erzählt die wundersame Legende, nach der er seinen Kopf wieder aufgesetzt haben und über den Fluß zu dieser Stelle gegangen sein soll, wo er schließlich sein Leben aushauchte. Bischof Hildebrand ließ im Jahre 1013 über seinem Grab diese Kirche errichten, die als die schönste von ganz Florenz gilt. Die Fassade wurde 1270 vollendet.

Kapelle des Kardinals von Portugal
Der Kirchenfürst starb 1459 in Florenz, und dieses Denkmal wurde 1460 von Antonio Manetti errichtet. Das Grab ist ein Werk von Antonio Rossellino, das Altargemälde schufen die Gebrüder Pollaiuolo.

Erhöhter Chor
Der einzige seiner Art in Florenz.

Apsismosaik
Christus segnet Maria und den hl. Miniato (1297, geringer Eintritt).

Sakristei
Fresken von Spinello Aretino.

Krypta
Fresken von Taddeo Gaddi.

Cappella del Crocifisso
Der Tabernakel wurde 1448 von Piero de' Medici in Auftrag gegeben. Die Bilder stammen von Agnolo Gaddi, die Decke ist ein Werk Luca della Robbias.

I Lungarni
Die Flußufer

Im 15. Jh. war der Arno sowohl eine Quelle für den Wohlstand von Florenz als auch verantwortlich für verschiedene Seuchen. In seinen Wassern wurden nämlich das Tuch und das Leder gewaschen, eingefärbt und gebeizt, die Waren, denen die Stadt ihren Reichtum verdankte. Da man auch die städtischen Abwässer in den Fluß leitete, wurde er, wie Dante bemerkte, zu einem verfluchten unglückbringenden Graben. Erst im 16. Jh. lernte man die schönen Aussichtspunkte und reizvollen Wege entlang des Arno schätzen.

Grand Hotel
Queen Victoria liebte dieses Gebäude ganz besonders und stieg dreimal hier ab. Es steht an der Stelle eines von Brunelleschi für die Familie Giustini errichteten Palastes.

Ognissanti
1239 wurde hier der Grundstein für den späteren Reichtum der Stadt Florenz gelegt: Die Stadt vermietete das Gelände an den Orden der Minderen Brüder, die die Wollindustrie ins Leben

S. Frediano in Cestello
Die Zisterzienser kamen 1628 hierher und erbauten nach Plänen des römischen Architekten Cerutti eine neue Kirche. Antonio Ferri fügte 1698 die Kuppel hinzu.

Granaio di Cosimo III
Der Kornspeicher von 1695 ist heute Kaserne.

riefen. Zu ihrer besten Zeit ernährte sie, wie das Jahr 1425 zeigt, ein Viertel der Bevölkerung. 1561 gingen Kloster und Kirche an die Franziskaner über, die 1637 die Fassade bei Nigetti in Auftrag gaben. Im benachbarten Kloster (Nr. 42) befinden sich ein hl. Augustinus von Botticelli, der in der Kirche begraben liegt, sowie ein Letztes Abendmahl und ein Bild des hl. Hieronymus von Domenico Ghirlandaio.

Pescaia di S. Rosa
Besonders beliebt bei den Florentiner Sonnenanbetern.

Seminario Maggiore

Lungarno Vespucci

Kolumbus starb, ohne jemals erfahren zu haben, daß er eine ganz neue Welt entdeckt hatte. Der Florentiner Amerigo Vespucci, ein Agent der Medici-Bank in Sevilla, erkannte die volle Bedeutung der Entdeckungen des Kolumbus und fuhr auf zwei Reisen die gesamte Küste Südamerikas ab. Als die Berichte, die er der Bank erstattete, 1504 unter dem Titel »Novus Mundus« veröffentlicht wurden, fanden sie große Beachtung. Martin Waldseemüller

sende von wertvollen Büchern und Kunstwerken zerstört. Wenigstens aber hatten die Brükken gehalten. Während einer Überschwemmung im Jahre 1333 wurden drei von ihnen einfach fortgerissen, und die Wassermassen überschwemmten den Altar des Battistero. Der Chronist Villani notierte, daß in Straßen und Häusern eine übelriechende schlammige Brühe zurückblieb und man sechs Monate für die Aufräumungsarbeiten benötigte.

veröffentlichte 1507 seine Weltkarte und machte den Vorschlag, die neuen Länder Amerika zu nennen.

Piazza Goldoni
Genannt nach dem Dramatiker Carlo Goldoni.

Via de' Fossi
Die Straße markiert den Verlauf eines Grabens, der im 12. Jh. entlang der hier stehenden Stadtmauern verlief.

Der Arno
»Er wäre ein recht annehmbarer Fluß, wenn man etwas Wasser hineinpumpen würde«, bemerkte Mark Twain. Er erlebte nie eine Überschwemmung mit. 1966 stieg der Fluß ungefähr 4 Meter über die Ufer und setzte einen großen Teil der Stadt unter Wasser. Als die Fluten zurückwichen, blieben aufgerissene Straßen, geborstene Leitungen und Hunderte von Autowracks zurück, und waren Tau-

Palazzo Ricasoli

Bettino Ricasoli, der »Eiserne Baron«, wurde, als er eines Abends auf einem Ball sah, wie seine frisch angetraute Gemahlin von einem anderen Mann verehrt wurde, so wütend, daß er einfach sagte: »Wir müssen gehen, meine Liebe.« Er geleitete seine Frau zur wartenden Kutsche und wies den Fahrer an, nicht zum Palazzo zurückzufahren, sondern nach Brolio. Dort besaß er einen Landsitz, auf dem niemals Bälle stattfanden. Das Paar kehrte nie mehr

Ponte alla Carraia

Die erstmals 1220 über den Fluß gebaute Brücke ist nach den carri (Karren) benannt, die von den Wollhändlern benutzt wurden. Am Maifeiertag des Jahres 1304 errichtete man mit Hilfe der Boote auf dem Fluß eine Bühne, auf der Dantes »Inferno« mit Feuerwerk und als Dämonen verkleideten Schauspielern aufgeführt wurde. Der Zuschauerandrang war so groß, daß die Brücke unter dem Gewicht der Massen zusammenbrach. Man sagte, viele hätten ihr Leben gelassen, weil sie wissen wollten, wie es im Jenseits zugehe.

nach Venedig zurück, und der Edelmann verbrachte den Rest seines Lebens damit, die Traubenmischung zu vervollkommnen, aus der heute der Chianti besteht.

Palazzo Corsini
Das 1650 – 1737 errichtete Gebäude beherbergt heute die größte private Kunstsammlung von Florenz. Zu ihr gehören unter anderem Werke von Filippino Lippi und Giovanni Bellini. Wenn Sie die Via Parione Nr. 11 besichtigen wollen, müssen Sie sich unter der Telefonnummer 28 30 44 voranmelden.

Palazzo Lanfredini
Das Gebäude ist mit Graffiti geschmückt.

Presbyterianische Kirche

Palazzo Medici

Palazzo Masetti
Der englische Thronanwärter Charles Stuart, den man auch Bonnie Prince Charles nannte, wurde zum Herzog von Albany gemacht. Seine junge Frau zog jedoch den Titel Queen Louise vor, selbst noch zu der Zeit, als sie ihn verlassen hatte und hier mit dem Poeten Vittorio Alfieri lebte. In ihrem »Königlichen Palais« ist heute das britische Konsulat untergebracht.

Palazzo Gianfigliazzi

ten rufen zu lassen. Darauf erwiderte Piero di Gino Capponi: »Wenn Ihr Eure Trompeten erschallen laßt, läuten wir unsere Glocken.« Der König erkannte, in welcher Gefahr er in diesem Fall schwebte, und gab klein bei.

Palazzo Guicciardini
Ein Palazzo des 17. Jh. mit Privatgarten.

Ponte S. Trinità
Ein getreues Abbild der 1944 zerstörten Brücke. Diese wurde 1579 von Ammannati möglicherweise nach einer von Michelangelo gefertigten Skizze errichtet. Die Wölbung der Bögen gab modernen Architekten manches Rätsel auf, bis man herausfand, daß sie dem Bogen glich, der Michelangelos Allegorien von Tag und Nacht an den Medici-Gräbern stützte.

Oltrarno
Das Wort bedeutet übersetzt »über den Arno« und meint das Südufer. Hier lag einst ein Arbeiterviertel, bis die Herzöge den Palazzo Pitti bezogen und sich entlang der Via Maggio eine vornehme Wohngegend entwickelte.

Palazzo Capponi
Der französische König Karl VIII. geriet 1494 mit der Stadt Florenz in Streit. Er drohte, seine Armee, die außerhalb der Mauern kampierte, mit Trompe-

Palazzo Spini-Ferroni

Als der berühmte Schuhmacher Salvatore Ferragamo, der allerdings bankrott war, 1937 in diesem Haus einen Laden mieten wollte, bestand der Besitzer darauf, daß er das ganze aus dem 13. Jh. stammende Gebäude in neun Raten kaufen sollte. Ferraganos Anwälte rieten ihm ab. Die Bedingungen sahen nämlich vor, daß er, sollte er nur eine einzige Zahlung versäumen, alles verlieren würde. Ferragamo willigte aber trotzdem ein und

von hörten, folgten sie diesem unrühmlichen Beispiel, da sie sich davon Profite versprachen. Angewidert stieg die Familie Frescobaldi aus dem Bankgeschäft aus und investierte in Land, da dies sicherer schien. Heute gehören sie zu den vermögendsten Landbesitzern in ganz Europa und nennen viele ausgezeichnete Weinlagen ihr eigen, die bereits seit über sechs Jahrhunderten im Familienbesitz sind. Ihr aus dem 13. Jh. stammender Palazzo wurde im 17. Jh. elegant umgestaltet.

wurde in seinem Vorhaben durch den Besitzer bestätigt, der bei jeder Zahlung lobte: »Ich wußte, Sie würden es schaffen.« Als jedoch die achte Rate fällig war, machte er ein recht unglückliches Gesicht, und beim Begleichen der letzten sah er entsetzt drein. »Mein Gott«, staunte er, »Sie haben das Gebäude.« »Was haben Sie denn erwartet?« gab Ferragamo zurück. »Nun, ich hätte wetten können, daß Sie es nicht schaffen würden«, erklärte niedergeschlagen der vormalige Besitzer.

S. Jacopo sopr'Arno

Das Gebäude wird heute für Ausstellungen genutzt, der Eingang befindet sich an Borgo S. Jacopo. Den Campanile erstellte im 17. Jh. Gherardo Silvani.

Palazzo Frescobaldi

Das Florentiner Bankwesen brach 1345 zusammen, als der englische König Edward III. hohe Anleihen nicht zurückzahlte. Als der Herzog von Burgund und der König von Neapel da-

SS Apostoli
Eine der ältesten Kirchen in Florenz. Der bestehende Bau stammt aus dem 10. Jh. Im Inneren befinden sich das Grabmahl des Priors Oddo Altoviti von Benedetto da Rovezzano (1507), ein von den della Robbias geschaffener Tabernakel und eine

die Alliierten auf ihrem Vormarsch selbst Brücken über den Fluß schlugen. Um den Wiederaufbau gab es viele Diskussionen. Man entschied sich schließlich gegen exakte Nachbildungen und für Gebäude »im Stil« des alten Viertels, die den Menschen die Möglichkeit zu mehr Großzügigkeit in der Raumausstattung boten.

Madonna mit Kind von Jacopo di Cione von ca. 1375. Über dem Altar eine weitere Madonna mit Kind und Heiligen von ca. 1384.

Die beiden ersten grünen Säulen stammen aus einem römischen Bad, das in der Nähe lag.

Kriegszerstörungen

Im August 1944 ordnete Hitler die Sprengung aller Arnobrücken an – ausgenommen die »künstlerisch wertvollen«. So blieb der Ponte Vecchio bestehen, während alle nahegelegenen alten Gebäude in Schutt und Asche sanken, um so den Zugang zur Brücke zu verlegen. Das Ganze war ein ziemlich nutzloses Unterfangen, da die alte Brücke ohnehin für Militärfahrzeuge unbenutzbar war und

Ponte

Seit den Tagen der Römer schlug man an seiner engsten Stelle immer wieder neue Brükken über den Arno, die jedoch regelmäßig von seinen Wassern weggespült wurden. Die letzte fiel der Flut von 1333 zum Opfer. Sie wurde, wie alle anderen Überschwemmungen, durch eine plötzliche Flutwelle aus dem Gebirgsnebenfluß Sieve ausgelöst. Die Steinbrücke war 1345 fertiggestellt. Die auf der Brücke eingebauten Läden vermietete die Stadt ursprünglich an Färber und Taschenmacher. Im 16. Jh. hatten sich jedoch auch zahlreiche Metzger etabliert. Erzherzog Ferdinand stellte jedoch fest, daß ihre »Kunst« nichtswürdig war und ihm obendrein viel zu niedrige Mieteinnahmen brachte. Er warf die Fleischer 1593 hinaus und vergab die Läden an 41 Goldschmiede und 8 Juweliere, die seine Einkünfte schon bald verdoppeln sollten. Auch heute arbeiten unter der

Vecchio

Brücke noch Goldschmiede und Juweliere.

Cellini-Büste
Raffaele Romanelli schuf im Jahre 1900 dieses Werk zu Ehren des größten Goldschmieds der Renaissance.

Mord auf der Brücke
Am Ostersonntag des Jahres 1216 wurde Buondelmonte dei Buondelmonti, der ganz in Weiß auf weißem Pferd zu seiner Hochzeit reiten wollte, von Mördern niedergestreckt, die dem Amidei-Clan angehörten. Er hatte nämlich sein Versprechen gebrochen, ein Mädchen aus ihrem Hause zu heiraten, und sich statt dessen für einen wesentlich hübscheren Sproß der Familie Donati entschieden, mit der die Amidei in Streit lagen. Der Mord war der Beginn der bewaffneten Auseinandersetzungen zwischen den Guelfen (päpstliche Partei) und den Ghibellinen (kaiserliche Partei).

100 **Vasari-Gang**

Er wurde 1565 anläßlich der Hochzeit von Francesco de' Medici, dem Sohn Cosimos I., mit Johanna von Österreich errichtet und sollte den Palazzo Veccio mit dem Palazzo Pitti verbinden. Die Bauarbeiten dauerten fünf Monate und forderten fünf Todesopfer. Er ist ungefähr einen halben Kilometer lang, läuft über den Ponte Vecchio und endet in den Boboli-Gärten bei der Grotte Buontalentis. Die erste Familie von Florenz benutzte diesen Gang bis zum Jahre 1868.

Die Wände sind heute mit Künstlerporträts versehen, zu denen auch eines von Vasari gehört. Für eine Führung kann man sich an der Kasse der Uffizien anmelden.

Palazzo degli Uffizi

Im Jahre 1560 erteilte Cosimo I. Vasari den Auftrag, dieses Bürogebäude *(uffici)* zu errichten, damit alle Abteilungen des Verwaltungsapparats unter einem einzigen Dach zusammengefaßt werden konnten. Sein Sohn Francesco richtete im obersten Stock eine Bildergalerie ein und schuf so den Grundstock für die bestehende Sammlung, die als die beste und umfassendste in ganz Italien gilt. Um langes Schlangestehen zu vermeiden, sollte man möglichst früh zur Besichtigung kommen. Öffnungszeiten: 9.00 – 19.00; Sonntag 9.00 – 13.00; Montag geschlossen.

Palazzo Castellani
Museo di Storia della Scienza
Die Sammlung des Wissenschaftsmuseums basiert auf der Medici-Kollektion. Unter anderem werden die Teleskope Galileis, sein Kompaß, Magnete und andere Instrumente gezeigt. Im zweiten Stock befindet sich eine Bibliothek mit wissenschaftlichen Werken. Öffnungszeiten: 10.00 – 13.00 und 14.00 – 16.00; Sonntag 10.00 – 13.00; an jedem letzten Sonntag im Monat geschlossen.

Uffizien

RAUM **2**

Toskanische Malerei 12.–14. Jh.

Toskanische Schule
Kruzifix mit Passionsszenen (12. Jh.).

Berlinghieri-Schule
Diptychon: Madonna mit Kind und Heiligen (um 1228)
Stigmatisation des hl. Franziskus.

Schule von Lucca
Kreuzigung mit Passionsszenen (13. Jh.).

Meliore di Jacopo
Altargemälde: Erlöser und Heilige (1271).

Magdalenen-Meister
Der Evangelist Lukas.

Cimabue
Maestà (um 1285).

Duccio do Buoninsegna
Maestà (1285).

Giotto
Madonna im Strahlenkranz
Madonna mit Kind.

RAUM **3**

Schule von Siena 14. Jh.

Simone Martini
Verkündigung und Heilige, datiert 1333.

Ambrogio Lorenzetti
Vier Geschichten aus dem Leben des hl. Nikolaus
Darstellung im Tempel.

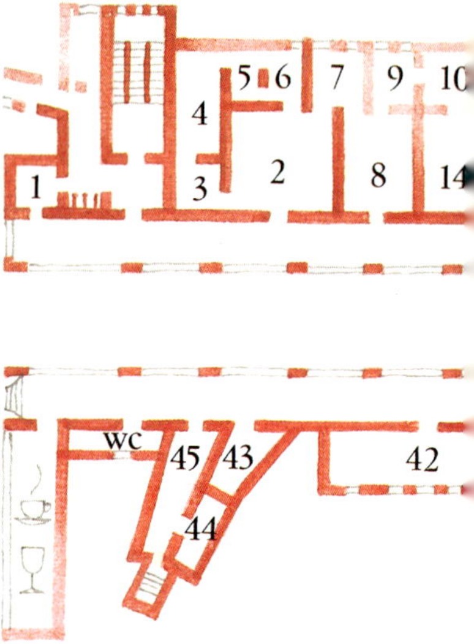

Pietro Lorenzetti
Madonna mit Kind und Heiligen
Madonna mit Kind
Polyptychon: Geschichten aus dem Leben der Umilità
Heiliger Johannes, Markus und Lukas.

Niccolò di Ser Sozzo
Madonna mit Kind.

Niccolò Bonaccorsi
Darstellung der Jungfrau im Tempel.

Simone de' Crocifissi
Christi Geburt.

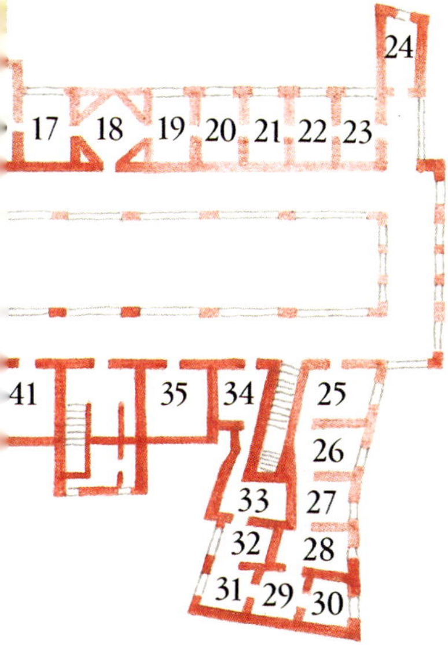

RAUM **4**

Florentiner Gemälde 14. Jh.

Meister von St. Cäcilia
Die heilige Cäcilia und ihr Leben.

Taddeo Gaddi
Madonna im Strahlenkranz.

Bernardo Daddi
Thronende Madonna mit Kind und den Heiligen Petrus und Paulus
Madonna mit Kind und den Heiligen Matthäus und Nikolaus
Polyptychon: Madonna mit Kind und Heiligen.

Andrea Orcagna und Jacopo di Cione
Leben des hl. Matthäus.

Jacopo del Casentino
Thronende Madonna.

Nardo di Cione
Kreuzigung.

Giovanni da Milano
Polyptychon mit Heiligen.

Giottino (?)
Pietà mit Heiligen.

RAUM **5 und 6**

Gotische Malerei des 14. und 15. Jh.

Agnolo Gaddi
Kreuzigung.

Lorenzo Monaco
Marienkrönung
Anbetung der Könige.

Norditalienischer Meister
St. Benedikt bannt einen Mönch
St. Benedikt segnet vergifteten Wein
St. Benedikt wirkt ein Wunder.

Gherardo Starnina
Thebais.

Gentile da Fabriano
Anbetung der Könige
Quaratesi-Polyptychon mit vier Heiligen.

Giovanni di Paolo
Madonna mit Kind (1445).

Jacopo Bellini
Madonna mit Kind.

Uffizien

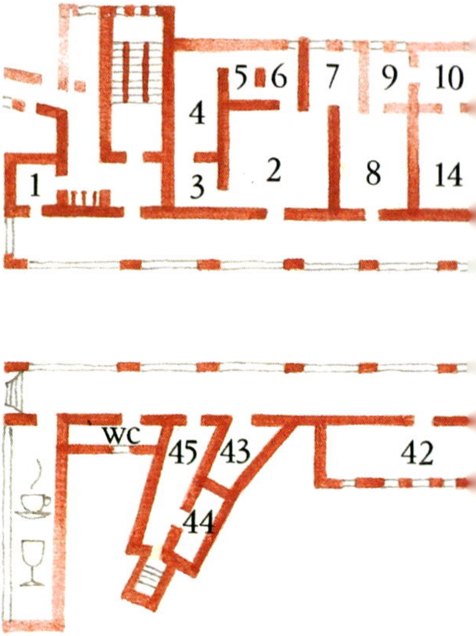

RAUM 7

Frührenaissance

Masaccio und Masolino
Madonna und Kind mit der hl. Anna und Engeln.

Fra Angelico
Marienkrönung.

Domenico Veneziano
Madonna mit Kind.

Piero della Francesca
Porträt von Battista Sforza
Herzog Frederico di Montefeltro
Triumph von Herzog Federico
Triumph von Battista Sforza.

Paolo Uccello
Schlacht von San Romano.

RAUM 8

Florentinische Kunst des 15. Jh.

Filippo Lippi
Thronende Madonna mit Kind, umgeben von Heiligen.

Francesco Pesellino
Wunder des hl. Antonius
Martyrium der Heiligen Cosmas und Damian
Christi Geburt.

Filippo Lippi
Predella-Bild
Marienkrönung
Verkündigung: Maria, Engel, die Heiligen Antonius Abbot und Johannes der Täufer
Anbetung des Kindes mit Heiligen und Engeln
Anbetung des Kindes mit zwei Heiligen
Madonna mit Kind und zwei Engeln.

Alesso Baldovinetti
Madonna mit Kind
Verkündigung.

Lorenzo di Pietro (Vecchietta)
Thronende Madonna mit Kind.

Matteo di Giovanni
Madonna mit Kind.

Benozzo Gozzoli
Hochzeit der hl. Katharina
Pietà mit Heiligen
Zwei Heilige.

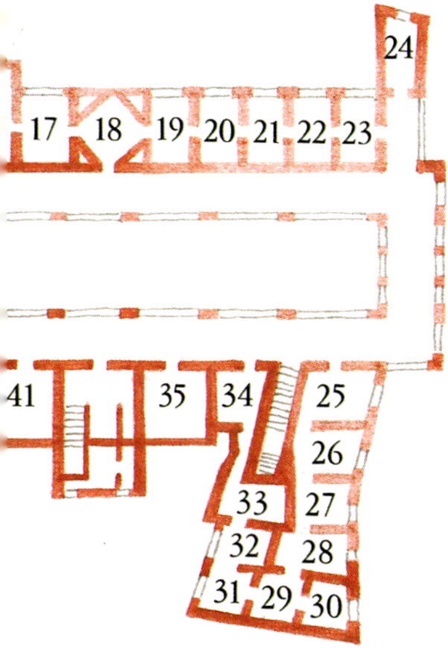

Botticelli
Madonna im Rosenhag.

Neroccio du Landi mit Francesco di Giorgio
Drei Geschichten aus dem Leben des hl. Bendikt.

RAUM **9**

Pollaiuolo

Antonio und Piero del Pollaiuolo
Die Heiligen Vinzenz, Jakob und Eustachius
Porträt von Galeazzo Maria Sforza.

Antonio del Pollaiuolo
Porträt einer jungen Frau
Herkules und Anteus
Herkules und die Hydra.

Sandro Botticelli
Stärke
Rückkehr von Judith
Auffindung des Körpers von Holofernes.

Piero del Pollaiuolo
Sechs Tugenden.

RÄUME **10 – 14**

Botticelli

Sandro Botticelli
Porträt eines Unbekannten
Madonna in der Loggia
Madonna mit Kind im Strahlenkranz
Anbetung der Könige
Madonna mit Kind, thronend zwischen Heiligen
Salome mit dem Haupt des Johannes
Herz des hl. Ignazius
Pietà
Der hl. Augustinus und die Jugend
Lobgesang Mariens
Madonna mit Granatapfel
Pallas und der Kentaur
Primavera
Geburt der Venus
Der hl. Augustinus in seinem Studierzimmer
Verkündigung
Verleumdung
Verkündigung des hl. Markus.
Der hl. Johannes von Patmos
Der hl. Augustinus in seinem Studierzimmer (beide von S. Marco)
Wunder des hl. Eligius.

Uffizien

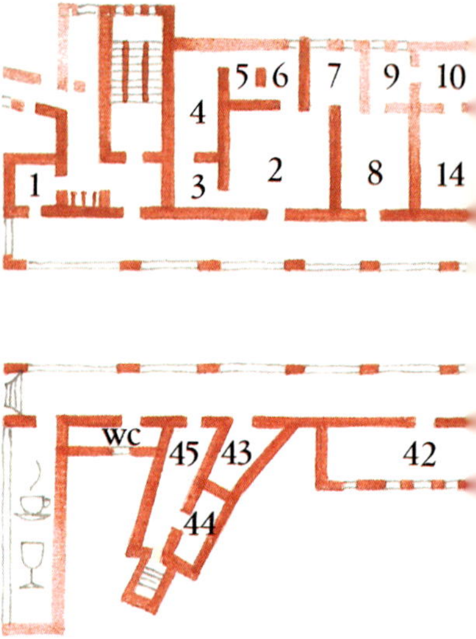

Flämische Malerei des 15. Jh.

Rogier van der Weyden
Kreuzabnahme.

Baroncelli-Meister
Pierantonio Baroncelli
Seine Frau, Maria Bonciani.

Nicholas Froment
Triptychon:
Mitte: Auferweckung des Lazarus
Links: Martha zu Füßen Christi
Rechts: Maria Magdalena zu Füßen Christi
Außen: Maria mit Kind und Stiftern.

Hugo van der Goes
Portinari-Altarbild:
Außen: Verkündigung und Verkündigungsengel
Innen Mitte: Anbetung der Hirten
Links: Tommaso Portinari und Söhne
Rechts: Maria Portinari und Tochter.

Florentinische Malerei 1450 – 1500

Filippo Lippi
Selbstporträt
Anbetung des Kindes
Madonna mit Kind (1486)
Hl. Hieronymus
Anbetung der Könige
Porträt eines alten Mannes
Allegorie.

Bartolomeo di Giovanni
Zwei Wunder des hl. Benedikt.

Jacopo del Sellaio
Triumph des Mordechai
Bankett des Ahasverus
Bankett der Königin Vashti.

RAUM **15**

Florentinische Kunst des 15. und 16. Jh.

Francesco Botticini
Tobias und der Engel.

Andrea Verrocchio
Taufe Christi.

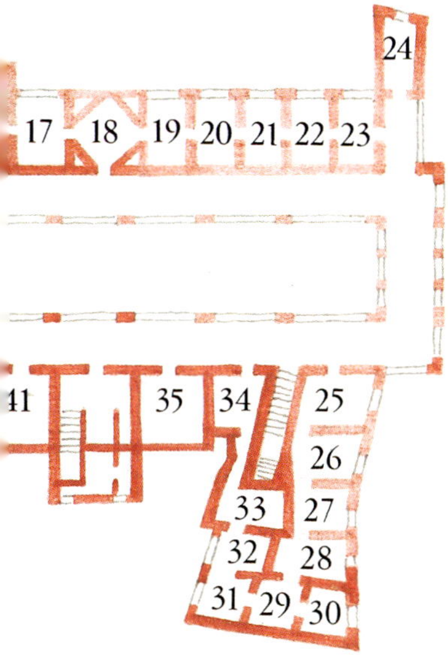

Piero di Cosimo
Unbefleckte Empfängnis
Madonna mit Kind und musizierendem Engel
Opfer für die Befreiung der Andromeda
Perseus befreit Andromeda.

RAUM **16**

Gemalte Karten der Toskana.

Hans Memling
Porträt eines Mannes
Madonna mit Kind
Porträt eines unbekannten Mannes
St. Benedikt
Porträt von Benedetto di Tommaso Portinari.

RAUM **17**

Schlafende Hermaphrodite, Kopie einer griechischen Skulptur.

Mantegna
Triptychon.

RAUM **18**

Buontalenti

Einige schöne Skulpturen, z. B. die Medici-Venus.

Alessandro Allori
Porträt der Bianca Cappello.

Andrea del Sarto
Porträt einer jungen Frau.

Giovanni Bizzelli
Verkündigung.

Agnolo Bronzino
Maria de' Medici
Francesco de' Medici

Leonardo da Vinci
Verkündigung
Anbetung der Könige.

Domenico Ghirlandaio
Anbetung der Könige
Zwei Bilder der thronenden Madonna mit Kind und Heiligen.

Lorenzo di Credi
Anbetung der Hirten
Verkündigung
Junger Mann mit roter Kappe
Madonna mit Kind und Heiligen.

Mädchen mit einem Buch
Isabella de' Medici
Eleonore von Toledo
mit ihrem Sohn, Giovanni de' Medici
Junger Mann in Schwarz
Porträt Cosimos I.
Bartolomeo Panciatichi
Lukrezia Panciatichi.

Daniele da Volterra
Mord an den unschuldigen Kindern.

Franciabigio
Madonna an der Quelle.

Giulio Romano
Madonna mit Kind.

Cecchino Salviati
Nächstenliebe
Christus trägt das Kreuz.

Pontormo
Cosimo il Vecchio
Vertreibung aus dem Paradies
Leda und der Schwan
Nächstenliebe.

Raffaello Sanzio
Der junge Johannes der Täufer.

Ridolfo del Ghirlandaio
Porträt eines Mannes.

Rosso Fiorentino
Musizierender Engel.

Giorgio Vasari
Lorenzo il Magnifico
Unbefleckte Empfängnis
Wunder des Propheten Elias.

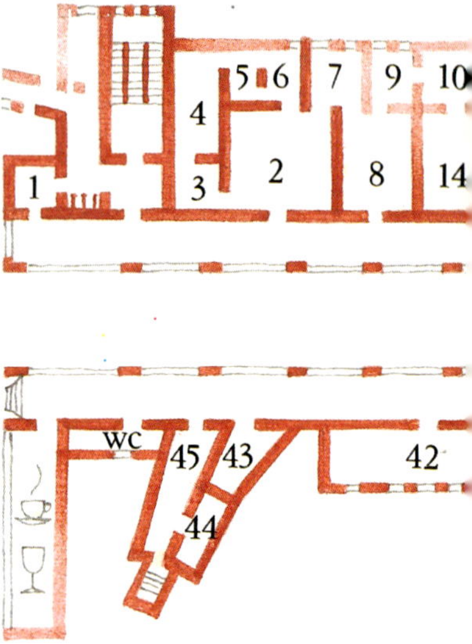

RAUM **19**

Mittelitalien

Melozzo da Forli
Verkündigungsengel
Verkündigung.

Pietro Perugino
Madonna mit Kind
Pietà
Francesco delle Opere
Don Biago Milanesi
Baldassare Vallombrosano
Porträt eines jungen Mannes.

Lorenza Costa
Giovanni Bentivoglio
Hl. Sebastian.

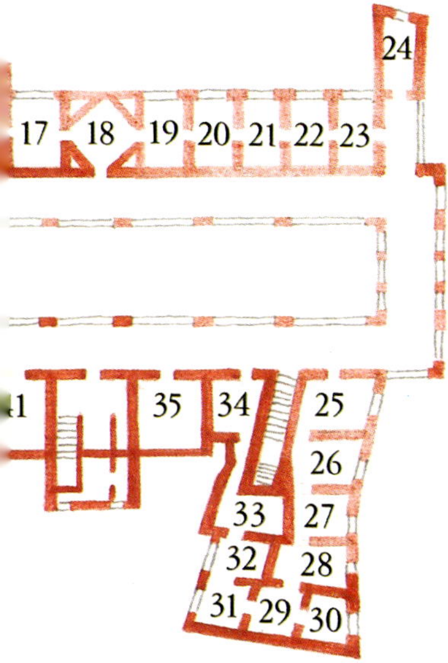

RAUM **20**

Deutsche Schule

Albrecht Dürer
Der Vater des Künstlers
Anbetung der Könige
Kalvarienberg
Madonna mit Kind
Der Apostel Philippus
Der Apostel Jakobus.

Lukas Cranach
Adam und Eva
Selbstporträt
Hl. Georg und Prinzessin
Luther und seine Frau.

Jan Breughel d. Ä.
Kalvarienberg.

RAUM **21**

Venezianische Schule

Mantegna
Madonna mit Kind
Himmelfahrt
Anbetung der Könige
Porträt eines Kardinals.

Cosmè Tura
Hl. Dominikus.

Giovanni Bellini
Allegorie
Beweinung
Porträt eines Edelmannes.

Giorgione
Krieger mit Stallmeister
Urteil Salomos
Feuerprobe vor Pharao.

Carpaccio
Krieger und alter Mann
Fragment einer Kreuzigung.

Francesco Francia
Porträt Scappis.

Alessandro Araldi
Barbara Pallavicino.

Giovanni Boccati
Madonna mit Kind und vier Engeln.

Bartolomeo Caporali
Madonna mit Kind und vier Engeln.

Antoniazzo Romano
Madonna mit Kind
Triptychon: Madonna mit Kind.

RAUM **22**

Deutsche und flämische Malerei

Hans Holbein
Sir Richard Southwell
Selbstporträt.

Albrecht Altdorfer
Martyrium des hl. Florian.

Joos van Cleve
Drei Porträts
Mater Dolorosa.

Gerard David
Kreuzabnahme
Anbetung der Könige.

Bernaert van Orley
Ein Mann mit seiner Frau.

Hoogstraeten-Meister
Madonna mit den Heiligen
Barbara und Katharina.

RAUM **23**

Correggio

Correggio
Rast auf der Flucht nach
Ägypten
Madonna mit Kind
Anbetung des Kindes.

Sodoma
Gefangennahme Christi.

Boccaccio Boccacino
Zigeuner.

Giovanni Ambrogio de Predis
Porträt eines Mannes.

Giovanni Francesco Mainieri
Christus trägt das Kreuz.

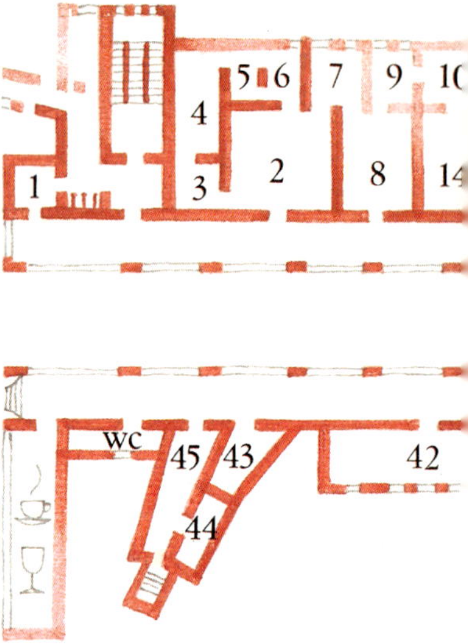

RAUM **24**

Miniaturensammlung des 15.–18. Jh.

RAUM **25**

Florentinische Malerei des frühen 16. Jh.

Michelangelo
Heilige Familie (1505).

Mariotto Albertinelli
Heimsuchung.

Raffael
Porträt des Perugino.

Rosso Fiorentino
Moses verteidigt Jethros
Töchter.

Giuliano Bugiardini
Porträt einer Frau.

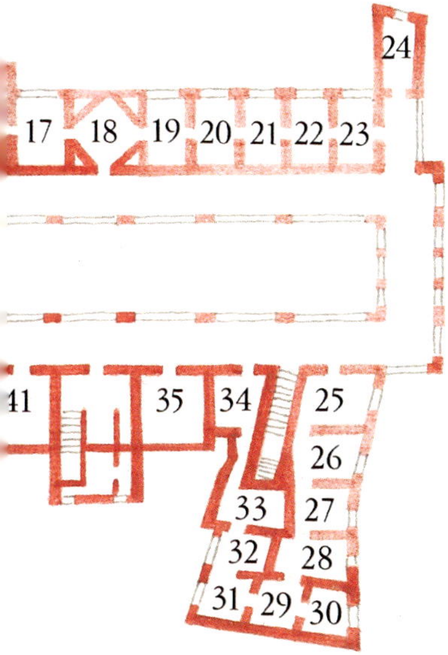

RAUM **26**

Raffael

Raffael
Madonna mit Distelfink
Papst Leo X. und Kardinäle Giulio de' Medici und Luigi de' Rossi
Julius II. (Replik)
Porträt von Francesco Maria della Rovere.

Pontormo
Martyrium des hl. Maurizius und von elf Märtyrern.

Andrea del Sarto
Hl. Jakobus und zwei Kinder
Madonna.

RAUM **27**

Pontormo

Pontormo
Emmaus
Porträt der Maria Salviati
Porträt eines Musikanten.

Bronzino
Pietà
Heilige Familie.

RAUM **28**

Tizian

Tizian
Flora
Venus von Urbino
Malteserritter
Porträt des Francesco della Rovere, Herzog von Urbino
Porträt der Eleonora Gonzaga della Rovere
Venus und Amor.

Palma Vecchio
Judith
Auferweckung des Lazarus
Sancta Conversatione.

RÄUME **29** und **30**

Emilianische Schule

Parmigianino
Madonna mit dem Schwanenhals
Madonna mit Kind und Heiligen.

RAUM **31**

Venezianische Werke des 16. Jh.

Lorenzo Lotto
Kopf eines jungen Mannes.

Sebastiano del Piombo
La Fornarina.

RAUM **32**

Sebastiano del Piombo
Tod des Adonis.

Lorenzo Lotto
Heilige Familie.

RAUM **33**

Gemälde des 16. Jh.

Clouet
Porträt von Franz I.

RAUM **34**

Veronese

Paolo Veronese
Krönung der hl. Agathe
Verkündigung
Heilige Familie mit der hl. Barbara.

G. B. Moroni
Herzog Pietro Secco-Suardi
Mann mit Buch.

Giulio Campi
Porträt seines Vaters
Mann mit Mandoline.

RAUM **35**

Tintoretto

Tintoretto
Mann mit roten Haaren
Porträt eines Admirals
Porträt Sansovinos
Alter Mann im Pelz
Leda und der Schwan
Porträt eines Edelmannes.

Federico Barocci
Porträt eines Mädchens
Noli me tangere
Francesco Maria II. della Rovere.

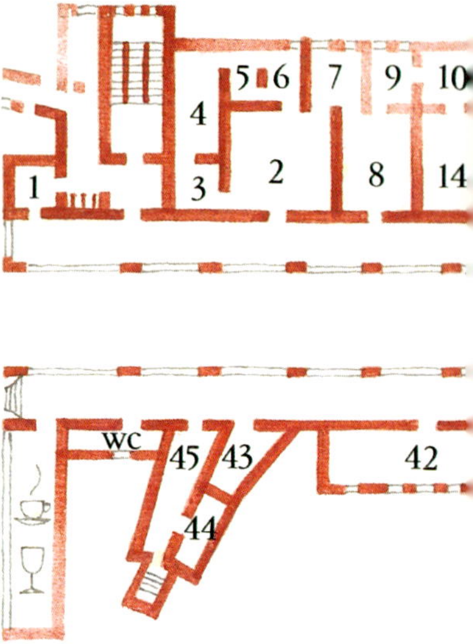

RAUM **41**

Rubens und van Dyck

Rubens
Einzug Ferdinands von Österreich in Antwerpen
Triumphaler Einzug
Heinrichs IV. in Paris
Heinrich IV. in der Schlacht von Ivry
Isabella Brandt
Philipp IV. von Spanien hoch zu Roß
Herkules zwischen Laster und Tugend.

van Dyck
Margarete von Lothringen
Kaiser Karl V. hoch zu Roß
Mutter Sustermans
Johann von Montfort.

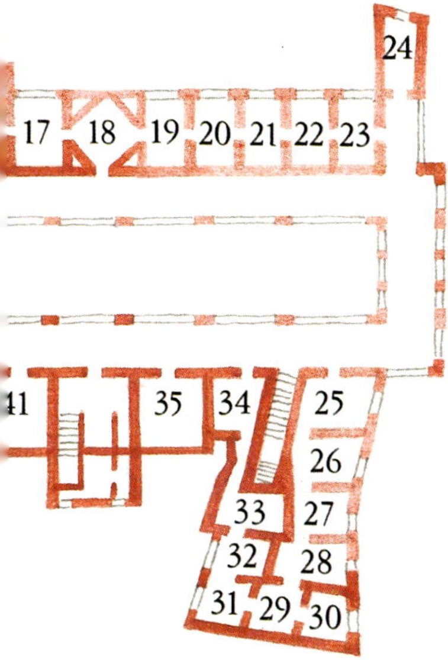

Jacob Jordaens
Porträt einer alten Frau.

Sustermans
Galileo Galilei.

RAUM **42**

Sala di Niobe

Römische Kopien der griechischen Orginalstatuen von Niobe und ihren Kindern

Canaletto
Der Dogenpalast zu Venedig
Canale Grande.

RAUM **43**

Caravaggio
Opfer Isaaks
Der junge Bacchus
Kopf der Medusa (ein Schild).

RAUM **44**

Rembrandt
Selbstporträt
Porträt eines alten Mannes
Selbstporträt als alter Mann.

Jan Steen
Picknick.

Jacob Ruysdael
Zwei Landschaften.

RAUM **45**

Gemälde des 18. Jh.

Piazzetta
Susanna und die Ältesten.

G. B. Tiepolo
Decke: Aufrichtung einer Herrscherstatue.

Goya
Zwei Porträts der Maria Theresa.

Alessandro Longhi
Porträt einer Dame.

Chardin
Zwei Kinderporträts.

Jean Marc Nattier
Maria Adelaide von Frankreich als Diana.

Étienne Liotard
Prinzessin Maria Adelaide von Frankreich in türkischer Tracht.

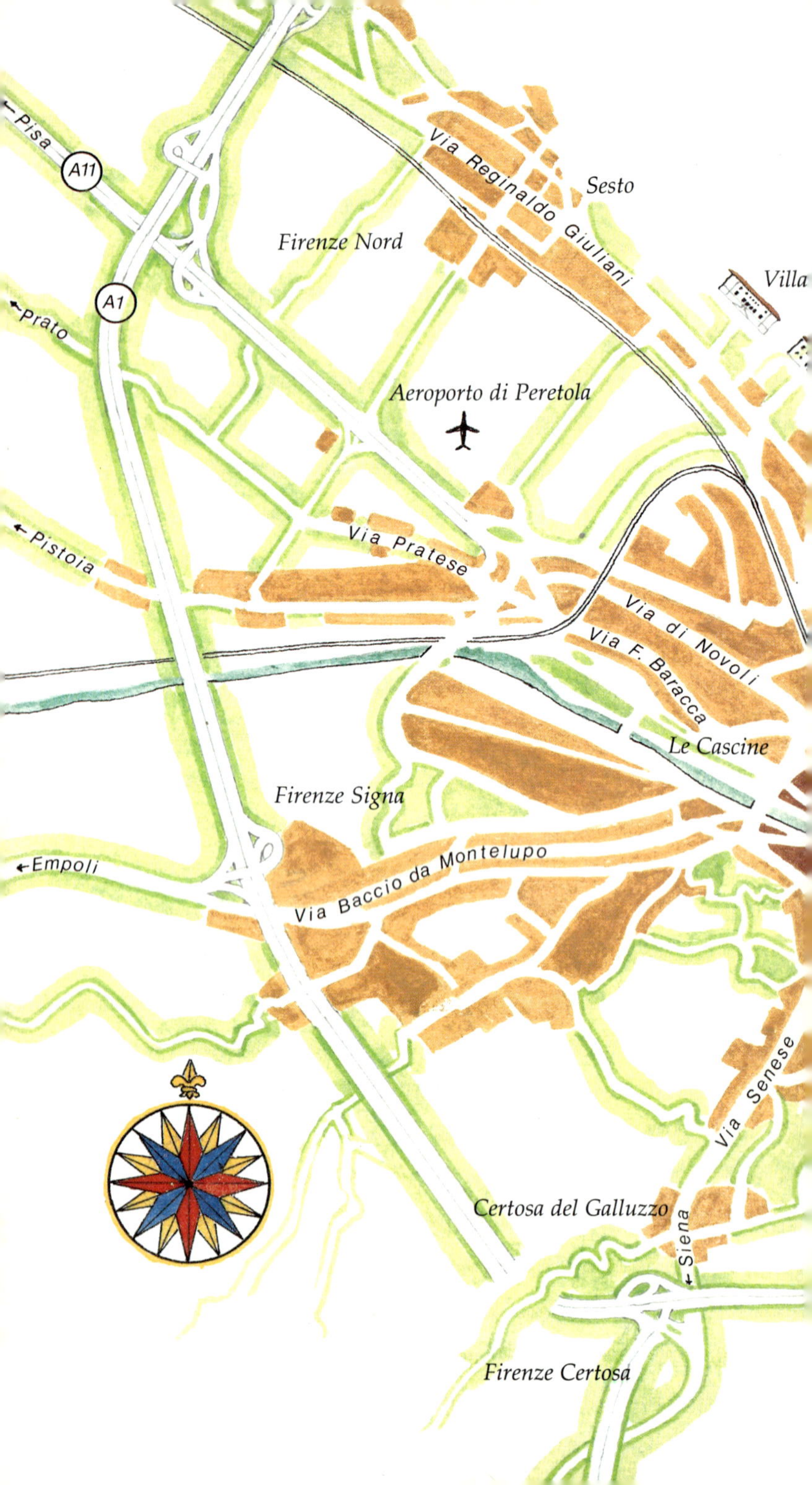

Pisa
A11
A1
Prato
Pistoia
Empoli
Firenze Nord
Aeroporto di Peretola
Via Reginaldo Giuliani
Sesto
Villa
Via Pratese
Via di Novoli
Via F. Baracca
Le Cascine
Firenze Signa
Via Baccio da Montelupo
Via Senese
Certosa del Galluzzo
Siena
Firenze Certosa

Umgebung

ello
Trespiano
la della Petraia
Fiesole
Via Bolognese
Via Faentina
San Domenico
Viale Alessandro Volta
Maiano
Settignano
Villa i Tatti
Campo di Marte
Via Aretina
Arezzo
Firenze Süd
Greve
Roma

Fiesole

Die Siedlung wurde von den Etruskern gegründet und fiel 283 v. Chr. an die Römer, unter deren Herrschaft sie als Faesulae eine wichtige Rolle in Etrurien spielte. Im Mittelalter, genauer im Jahre 1125, war Fiesole die zweite Stadt, die an Florenz fiel und ihre Unabhängigkeit nicht mehr zurückgewinnen konnte.

S. Alessandro
Die Kirche erhebt sich anstelle eines alten Bacchustempels.

S. Francesco
Erbaut 1330. Über dem Hochaltar hängt eine von Raffaellino dei Carli gemalte Verkündigung.

Seminario

S. Romolo
Die Kathedrale ist einem ehemaligen Bischof von Fiesole geweiht, wurde 1028 gegründet und im 13. und 14. Jh. erneuert. Der Campanile stammt aus dem Jahre 1213. Im Inneren:

Mino da Fiesole
Grab des Bischofs Salutati.

Bicci di Lorenzo
Altarbild (Triptychon).

Giovanni della Robbia
Farbig gefaßte Plastik: S. Romolo.

Römisches Theater und Museum
Das im 1. Jh. v. Chr. begonnene Theater bot 3000 Zuschauern Platz. Auch heute finden während der Sommermonate im Rahmen des *Estate Fiesolana* Konzerte und Theateraufführungen statt. Öffnungszeiten: 9.00 – 12.30 und 14.00 – 17.00; Montag geschlossen.

Palazzo Pretorio
Im ehemaligen Amtssitz des Podestà ist heute das Rathaus untergebracht.

S. Maria Primerana

Hotels

Villa Bonelli
Via Francesco Poeti 1
Tel.: 5 95 13
23 Zimmer
☆☆

Aurora
Piazza Mino da Fiesole
Tel.: 5 91 00
26 Zimmer
☆☆☆

Villa San Michele
Via Doccia 4
Tel.: 5 94 51,
Telex: 570 643
28 Zimmer
Garten und Swimmingpool
AE VISA
☆☆☆☆☆

Die Toskana

Die Landschaft, die als »Wiege der italienischen Kultur« gilt, erhielt ihren Namen von den Etruskern, die bereits im 7. und 6. Jh. vor Christus die reich bewaldeten Hügel dort bewohnten. Sie gründeten die zwölf Stadtstaaten von Etrurien, von denen Überreste in Fiesole und Volterra erhalten blieben.
Das Alphabet der Etrusker gilt als Vorläufer des lateinischen Alphabets. Es sind an die 10 000 etruskische Inschriften erhalten, die jedoch bis heute noch niemand entziffern konnte. So bleibt die Sprache dieses Volkes ein Geheimnis.
Die Toskana ist auch die Wiege der italienischen Sprache. Dante und Boccaccio verfaßten ihre Werke in Toskanisch und machten diesen Dialekt so zur Literatursprache. Heute gilt das Toskanische als das »reinste Italienisch«.
Die Insel Elba erlangte zu Beginn des 19. Jh. Berühmtheit, als Napeolon I., Kaiser von Frankreich, dort 1814/15 im Exil lebte.
Alexandre Dumas segelte 1841 von Elba aus gen Süden und entdeckte einen »großen Zukkerberg«, der an die zwei- bis dreihundert Meter über das Meer aufragte. Er inspirierte ihn zu seinem berühmten Roman »Der Graf von Montecristo«.

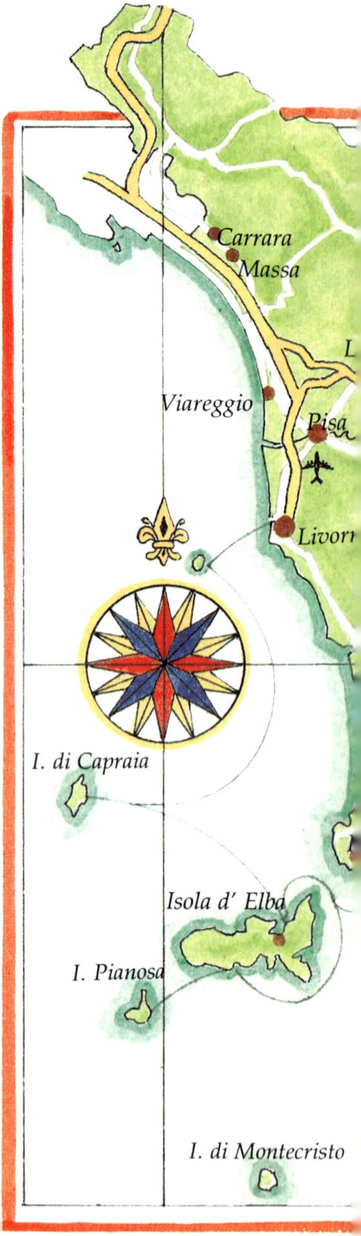

Pistoia
Prato
Montecatini
Florenz
Empoli
Certaldo
Greve
S. Gimignano
Volterra
Siena
Arezzo
Cortona
Montepulciano
Chianciano
Grosseto
I. del Giglio

San Gimignano

Nähert man sich San Gimignano, so erscheint am Horizont zunächst die Silhouette der 13 Türme der Stadt, die ein wenig den Eindruck eines »Klein-Manhattan« vermittelt. Welches Panorama muß sich aber wohl dem Reisenden des Mittelalters geboten haben, der noch stolze 72 Türme zählen konnte? Die »Stadt der schönen Türme« wurde auf den Ruinen einer etruskischen Siedlung errichtet, nach einem im 4. Jh. in Modena verstorbenen Bischof benannt und 991 erstmals erwähnt, als Hugo, Graf der Provence, sie den Bischöfen von Volterra zum Geschenk machte. Natürlich hatte niemand die Einwohner nach ihrem Einverständnis gefragt. So verbrachten sie die nächsten 150 Jahre mit dem Kampf um ihre Freiheit, wobei sie vorsorglich selbst ihre Konsuln wählten. Schon bald nach Erlangung der Unabhängigkeit brachen auch in San Gimignano die für die italienischen Städte jener Zeit typischen internen Machtkämpfe aus, so daß 1199 ein Podestà, ein unparteilicher Fremder, zum Regenten ernannt werden mußte. Der Konflikt zwischen Guelfen und Ghibellinen machte auch vor den Toren dieser Stadt nicht halt und verschlimmerte noch die allgemeine Lage. San Gimignano stand zeitweise auf Seiten der Ghibellinen (unter der Familie Salvucci) und zeitweise im Lager der Gegenpartei (unter der Familie Ardinghelli). Im Jahre 1300 kam Dante als florentinischer Gesandter nach San Gimignano, um die Bürger zu bitten, endgültig die Partei der Guelfen zu ergreifen. Die blutigen Auseinandersetzungen zogen sich jedoch noch bis 1353 hin. In diesem Jahr entschied sich die Stadt mit nur einer einzigen Stimme Mehrheit dafür, ihre Freiheit aufzugeben und sich der Verwaltung durch Florenz zu unterstellen.

Torre Ardinghelli
Die Doppeltürme der Rivalen der Familie Salvucci.

La Cisterna
Erbaut im Jahre 1237.

S. Francesco
Heute ein Weinladen im romanischen Stil.

Porta S. Giovanni
Begonnen im 13. Jh.

S. Maria Assunta
Papst Eugen III. weihte 1148 die Kathedrale.

Innenraum, linke Wand
Fresken von Bartolo de Fredi
Biblische Szenen von der Schöpfung bis zur Geschichte von Job.

Rechte Wand:
Fresken von Barna da Siena
Szenen von der Verkündigung bis zur Kreuzigung.

Innere Fassade:
Jüngstes Gericht
von Taddeo di Bartolo.

S.-Fina-Kapelle
Das Leben von S. Fina
von Domenico Ghirlandaio.

Der Teufelsturm
Hier soll es angeblich spuken.

DI BERIGNANO
VIA S. GIOVANNI
PIAZZA DUOMO
PIAZZA della CISTERNA
VIA INNOCENTI
VIA CASTELLO

VIA DIACCETO
VIA S. M
PIAZZA
DUOMO
PIAZZA
della
CISTERNA
VIA D. ROMIT
VIA DELLE FO
VIA CASTELLO
VIA INNOCENTI

San Gimignano

Palazzo del Popolo
Das Gebäude wurde 1288 errichtet und dient noch heute als Rathaus. Außerdem befindet sich hier das Museo Civico. Im Ratszimmer, das schon Dante besuchte, sieht man Lippo Memmis Maestà. In der oberen Galerie befinden sich Werke der Schulen von Florenz und Siena aus dem 13. Jh.

S. Agostino
Errichtet 1280–98. Im Chor Fresken von Benozzo Gozzoli mit Szenen aus dem Leben des Kirchenpatrons.

Torre Salvucci
Die beiden Türme sind der einzige Überrest des Palastes der Familie.

Domenico Ghirlandaio
Fresko: Verkündigung.

Torre Pesciolini
Errichtet im Florentiner Stil.

Palazzo del Podestà
Im Jahre 1255 verfügte ein Dekret, daß kein anderer Turm der Stadt den 51 m hohen Turm des Gebäudes überragen durfte.

Hotels

Hotel La Cisterna
Tel.: 94 03 28, Telex: 575 152
46 Zimmer
Restaurant Dienstag und Mittwochmittag geschlossen.
AE E VISA
☆☆☆

Hotel Leon Bianco
Tel.: 94 12 94, 21 Zimmer
AE E VISA
☆☆

Florenz – Siena
Zwischen den beiden Städten gibt es eine Eisenbahnverbindung, aber die Bahnstation von Siena liegt tief in einem Tal. Der SITA-Busbahnhof von Florenz befindet sich auf S. 54. Siena siehe Nachsatz.

Abfahrt **Florenz**		*Ankunft* **Siena**
6.45	täglich	8.00
7.10	täglich	8.45
7.15	Mo–Fr	8.30
7.45	Mo–Fr	9.00
8.05	Mo–Sa	9.20
8.30	Mo–Fr	9.45
9.15	Mo–Sa	10.30
10.10	täglich	11.25
11.20	Mo–Sa	12.35
12.00	täglich	13.15
12.45	Mo–Sa	14.00
13.30	Mo–Fr	15.05
14.10	Mo–Sa	15.25
14.30	täglich	15.45
15.30	täglich	17.05
17.10	Mo–Fr	18.25
17.20	täglich	18.35
17.50	Mo–Fr	19.25
18.25	Mo–Sa	20.00
18.35	Mo–Fr	19.50
19.00	täglich	20.15
18.35	Feiertage	20.05

Abfahrt **Siena**		*Ankunft* **Florenz**
6.15	täglich	7.50
6.30	Mo–Fr	8.15
6.45	Mo–Sa	8.00
7.00	Mo–Sa	8.15
8.00	Mo–Sa	9.15
8.15	täglich	9.30
9.20	täglich	10.55
9.20	Mo–Sa	10.35
10.45	Mo–Fr	12.00
11.45	Mo–Sa	13.00
11.45	Feiertage	13.15
13.00	Mo–Sa	14.15
13.45	täglich	15.20
14.00	täglich	15.15
15.20	Mo–Sa	16.55
17.00	Mo–Fr	18.15
17.25	täglich	19.00
17.35	täglich	18.50
18.45	Mo–Fr	20.00
19.10	täglich	20.25
20.15	täglich	21.50
20.15	Mo–Fr	21.30

SIENA

»Cor magis tibi Sena pandit«
(Siena öffnet dir sein Herz)
Inschrift an der Porta Camollia

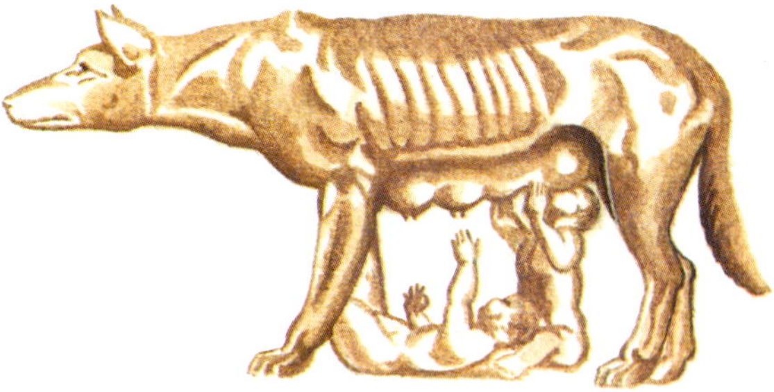

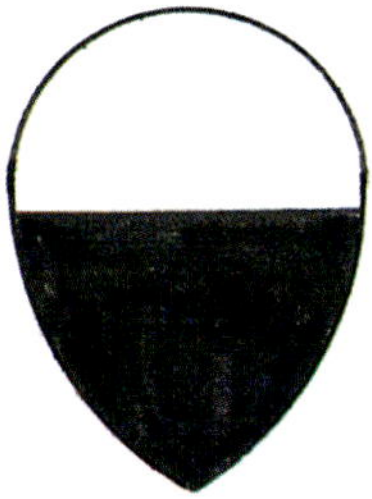

Die *Balzana*
Das Wappen von Siena

LA STORIA

Die Menschen, die im Mittelalter in Siena lebten, hatten keine Ahnung davon, daß *Sena Julia* eine Gründung von Kaiser Augustus war, aufgebaut an einer Stelle, an der früher eine Etruskersiedlung gestanden hatte. Deshalb erfanden sie ganz einfach zwei Gründerväter: Senius und Ascius, die Söhne des Remus. Das erklärt auch, warum man in der Stadt immer wieder auf das Standbild der Wölfin trifft, die zwei Knaben säugt. Siena verdankte im Mittelalter seine wachsende Bedeutung der Tatsache, daß es an der *Francigena* lag, der Hauptverbindungsstraße zwischen Rom und dem Norden Europas. Wie andere Städte der Toskana erklärte auch Siena sich nach den Tod des letzten toskanischen Markgrafen im Jahre 1115 für unabhängig. 1186 sprach Kaiser Barbarossa der Stadt das Recht zu, eigene Münzen zu prägen und selbst Konsuln zu wählen. Da in Siena das für das Betreiben von Industrie notwendige Wasser fehlte, verlegte man sich auf Handel und Bankgeschäfte. Das führte unweigerlich zum Konflikt mit Florenz. Da man dort die Guelfen anerkannte, schlug Siena sich auf die Seite der Ghibellinen. Die Florentiner rüsteten daraufhin 1260 eine Armee aus, um der Rivalin eine Lektion zu erteilen. Die Schlacht von Montaperti, die beiden Parteien unvergeßlich blieb, endete mit einer verheerenden Niederlage der Florentiner und bescherte Siena den größten militärischen Erfolg seiner Geschichte. Der Triumph war jedoch nur von kurzer Dauer. Innerhalb von zehn Jahren wurden die ghibellinischen Edlen in die Knie gezwungen, und der die Guelfen unterstützende Mittelstand *(popolo grosso)* übernahm die Macht. Der von ihnen eingesetzte »Rat der Neun« war die am längsten bestehende Regierungsform in der Republik. Außerdem lebte man 76 Jahre lang in Frieden mit Florenz, was eine rege öffentliche Bautätigkeit zur Folge hatte und das Aufblühen des Sieneser Kunstschaffens förderte, das Meister wie Duccio, Simone Martini und die Gebrüder Lorenzetti prägten. Die Nachwirkungen der Pestepidemie des Jahres 1348 versetzten jedoch den Adel in die Lage, den »Rat der Neun« zu stürzen, und es folgte eine ganze Reihe instabiler Regierungen. 1526 konnte man vor der Porta Camollia einen weiteren großen Sieg über Florenz erringen. Aber Siena war zu klein, um auf Dauer seine Unabhängigkeit verteidigen zu können. 1555 mußte sich die Stadt nach einer sechzehn Monate währenden Belagerung, die die Zahl der Einwohner von 40 000 auf 8000 dezimierte, spanischen Truppen ergeben und wurde dem Großherzogtum Toskana zugeschlagen. Durch Volksabstimmung schließlich kam es im Jahre 1859 zum Königreich Italien.

Im Mittelalter galt es als Todsünde, Geld gegen Zinsen zu verleihen. Wucherern drohte die Verweigerung eines christlichen Begräbnisses. Deshalb suchte man nach Mitteln und Wegen, wie man dieses Problem lösen konnte. Die Anleihe wurde beispielsweise als ein »Geschenk auf Zeit« deklariert. Die Zinsen waren dann eine Art »Gegengeschenk« oder aber eine Strafe dafür, daß man sich zu spät erkenntlich gezeigt hatte, wobei man das »zu spät« vorher natürlich genau im gegenseitigen Einvernehmen definierte. Fromme Wucherer machten ihre Dokumente mit einem Kreuz fälschungssicher – jeder, der eine Änderung daran vornahm, wurde der Blasphemie schuldig.
Von 1260 bis ins 16. Jh. war der Florentiner Goldflorin die europäische Währung schlechthin, und die Bankiers von Florenz und Siena kontrollierten den Handel auf dem Kontinent. Sie hatten Filialen in allen Ländern, in denen Wechsel ausgestellt, Währungen getauscht, Versicherungen abgeschlossen und Anleihen vergeben wurden. Die Zinsen konnten bis zu 25 Prozent, und bei Geschäften mit gekrönten Häuptern, die ja ein wesentlich größeres Risiko darstellten, 100 Prozent betragen. Das Florentiner Banksystem brach in den vierziger Jahren des 13. Jahrhunderts fast zusammen, als König Edward III. von England seinen finanziellen Verpflichtungen nicht nachkam. Der profitträchtigste Partner war jedoch der Heilige Stuhl. Als Giovanni de' Medici 1413 mit dem Papst ins Geschäft kam, eröffnete ihm dies die Möglichkeit, die größte Bankenorganisation der Welt aufzubauen.
Für das einfache Volk gab es die *Monte della Pietà*. Hierbei handelte es sich um von den Franziskanern angeregte Pfandbanken, die nur geringe oder gar keine Zinsen forderten. 1472 entstand auch in Siena eine *Monte* (das Wort bedeutet soviel wie »Anhäufung«) und wurde im leerstehenden Castellare Salimbeni untergebracht, dem ehemaligen Sitz von Halsabschneidern, die man in die Verbannung geschickt hatte. Zur Absicherung des Geschäftskapitals wurden der Bank später die Einnahmen aus reichen Weiden *(paschi)* zugestanden. So kam sie zu dem Namen »Monte dei Paschi di Siena«. Gemäß den in der Stiftungsurkunde festgelegten Bedingungen führte sie die Hälfte ihrer Einnahmen an die Stadt Siena ab. An dieses Übereinkommen hält sich die mittlerweile älteste Bank der Welt bis heute.

Die Contrade

Jeder, der innerhalb der Mauern von Siena das Licht der Welt erblickt, wird in eine *contrada* (Stadtbezirk) hineingeboren. Die Mitgliedschaft dauert ein Leben lang. Wenn eine Frau gezwungen ist, ihr Kind außerhalb ihrer *contrada* zur Welt zu bringen, so schafft man angeblich Töpfe voll Erde aus dieser herbei und stellt sie unter ihr Bett – so wird der neue *contradaiolo* quasi auf heimatlichem Boden geboren. Der neue Erdenbürger wird zweimal getauft, das eine Mal in der Kirche, das andere Mal in der *contrada*. Diese Taufe erfolgt am Namenstag des Schutzpatrons der *contrada* im *contrada*-Brunnen.

Junge Männer heiraten in der Kirche der *contrada* und haben das Recht, in der Fahne der *contrada* begraben zu werden. Die *contrade* entwickelten sich aus den ursprünglich 59 städtischen Verwaltungsbezirken. Beim Fall der Republik war ihre Zahl auf 23 geschrumpft, und man gestand ihnen eine gewisse Selbstverwaltung zu. 1675 kam es zu Unruhen. Sechs Bezirke mußten sich der Stadt unterwerfen, und ihre Gebiete wurden den übrigen 17 zugeschlagen.

Früher gab es auch in anderen toskanischen Städten ähnliche *contrade*, die jedoch heute verschwunden sind. Denn nur Siena besitzt eine Institution, die die für die Aufrechterhaltung ihrer Existenz notwendigen Rivalitäten am Leben erhielt – den Palio.

Aquila

Chiocciola

Onda

Pantera

Selva

Tartuca

Civetta

Leocorno

Nicchio

Torre

Valdimontone

Bruco

Drago

Giraffa

Istrice

Lupa

Oca

Der Palio

Der Palio ist die gemalte Siegprämie, für die zehn Reiter zweimal pro Jahr ohne Sattel in wildem Galopp um das große Campo von Siena jagen. Die ganze Sache ist in 90 Sekunden vorbei, die Vorbereitungen und Planungen ziehen sich jedoch über Monate hin. Durch das Los wird entschieden, welche der 17 *contrade* teilnehmen, welche Pferde sie bekommen und welche Startposition die Tiere einnehmen. Geheime Vereinbarungen und Bündnisse pfuschen jedoch der Göttin Fortuna oft gewaltig ins Handwerk und machen das Ereignis zu einer günstigen Gelegenheit, private Rivalitäten und Kleinkriege auszufechten. Um das beste Pferd bewerben sich natürlich die besten Jockeys, hochdotierte »Söldner«, die jedoch auch ein kleines zusätzliches »Trinkgeld« nie in den Wind schlagen. Sind die Pferde ausgewählt, so werden sie rund um die Uhr bewacht – ausgewählte Stallburschen schlafen sogar bei ihnen in den Boxen –, denn Drogen und »Hilfsmittel« jedweder Art sind zwar offiziell verboten, keinesfalls aber unbekannt. Am Tag des Rennens werden die Pferde in den Kirchen der *contrade* gesegnet und mit Weihwasser besprengt. Sollten sie während dieser Zeremonie zufällig einem »tierischen Bedürfnis« nachkommen, so gilt dies als gutes Omen. Nach einer große Parade, an der alle 17 *contrade* teilnehmen, erhalten die Jockeys Peitschen. Mit diesen bearbeiten sie jedoch nicht etwa die Pferde, sondern meist die menschlichen Gegner – die einzige existierende Regel verbietet nämlich lediglich, einem Widersacher in die Zügel zu greifen. Das Rennen beginnt und endet um ca. 18.30. Gewonnen hat das Pferd, dem es gelingt, mit oder

ohne Reiter als erstes drei Umläufe zu beenden.
Der am 2. Juli stattfindende Palio erinnert an den wundersamen Tod eines spanischen Soldaten, dessen Arkebuse explodierte, als er 1594 auf »Unsere Liebe Frau von Provenzano« anlegte. Das zweite Rennen findet am 16. August anläßlich von Mariä Himmelfahrt statt.

Contrada-Statistik

Die im Verlauf der vergangenen 300 Jahre erstellte Siegerliste lautet wie folgt:

Oca	55	Lupa	33
Chiocciola	49	Selva	33
Torre	43	Civetta	31
Valdimone	42	Drago	31
Nicchio	41	Giraffa	29
Tartuca	40	Leocorno	24
Istrice	38	Aquila	23
Onda	36	Pantera	22
Bruco	33		

Porta Camollia
Vor diesem Tor wurde 1526 eine riesige florentinische Armee in die Flucht geschlagen – durch Gebete zur Jungfrau Maria und durch einen plötzlichen Ausfall der Sieneser. Ein Freund schrieb an Macchiavelli, daß er eigentlich nicht an übernatürliche Kräfte glaube, dieses Ereignis ihm aber vorkäme wie eine »Geschichte aus der Bibel«.

Chiesa di Fontegiusta
Vollendet 1484.

S. Bartolomeo
Dies ist die Kirche der *contrada* Istrice (»Stachelschwein«) und war früher den Heiligen Vinzenz und Anastasius geweiht.

S. Stefano
Die im 12. Jh. erbaute Kirche wurde 1641 erneuert. Im Inneren befindet sich eine Madonna mit Kind und Heiligen von Andrea Vanni (1400).

Post- und Telegraphenamt

S. Maria delle Nevi
Matteo di Giovanni malte 1477 das Altarbild »Maria im Schnee«.

S. Caterina
1789 wurde das Gotteshaus die Kirche der *contrada* Drago (»Drache«).

S. Domenico
Die im Jahre 1226 begonnene Kirche birgt das einzige echte Porträt der hl. Katharina, das ihr Freund Andrea Vanni malte. Es befindet sich in der Kapelle, in der sie Klosterfrau wurde, und in der einige ihrer Wunder geschahen. Die Fresken Sodomas gelten als Meisterwerke.

S. Caterina in Fontebranda
Die Kirche der *contrada* Oca (»Gans«). Ihre Mitglieder nennt man auch die »Berüchtigten«, weil sie die meisten Palio-Siege davontrugen.

Fonte Branda
Einer der ältesten Brunnen der Stadt.

St. Katharina von Siena
1347 kam die geheimnisvolle Caterina Benincasa in diesem Haus als Tochter eines reichen Färbers zur Welt. Ab ihrem fünften Lebensjahr hatte sie Visionen. Später trat sie dem Dominikanerorden als Laienschwester bei. Durch ihr soziales Engagement, ihre Bekehrungen und ihre Arbeit für Opfer der Pest und der Lepra gewann sie zahlreiche Anhänger. 1376 ging sie nach Avignon und überredete Papst Gregor XI. zur Rückkehr nach Rom. Ihre »Dialoge« gehören zu den Klassikern der italienischen Literatur, und sie ist eine der Schutzheiligen des Landes. Öffnungszeiten: 9.00 – 12.30 und 14.00 – 17.30.

Fonte Nuova
Der Brunnen entstand im 14. Jh.

S. Rocco
Die Kirche der *contrada* Lupa (»Wölfin«) stammt aus dem 16. Jh.

Castellare Salimbeni
Der Sitz der ältesten Bank der Welt, der *Monte dei Paschi di Siena*, die hier im Jahre 1472 gegründet wurde. Die beiden anderen auf dem Platz befindlichen Gebäude, der Palazzo Tantucci von 1584 (links) und der Palazzo Spannocchi von 1473 (rechts) gehören heute ebenfalls der Bank. Außerdem sind hier die Fakultäten für Wirtschaftswissenschaften und Bankwesen der Universität von Siena untergebracht.

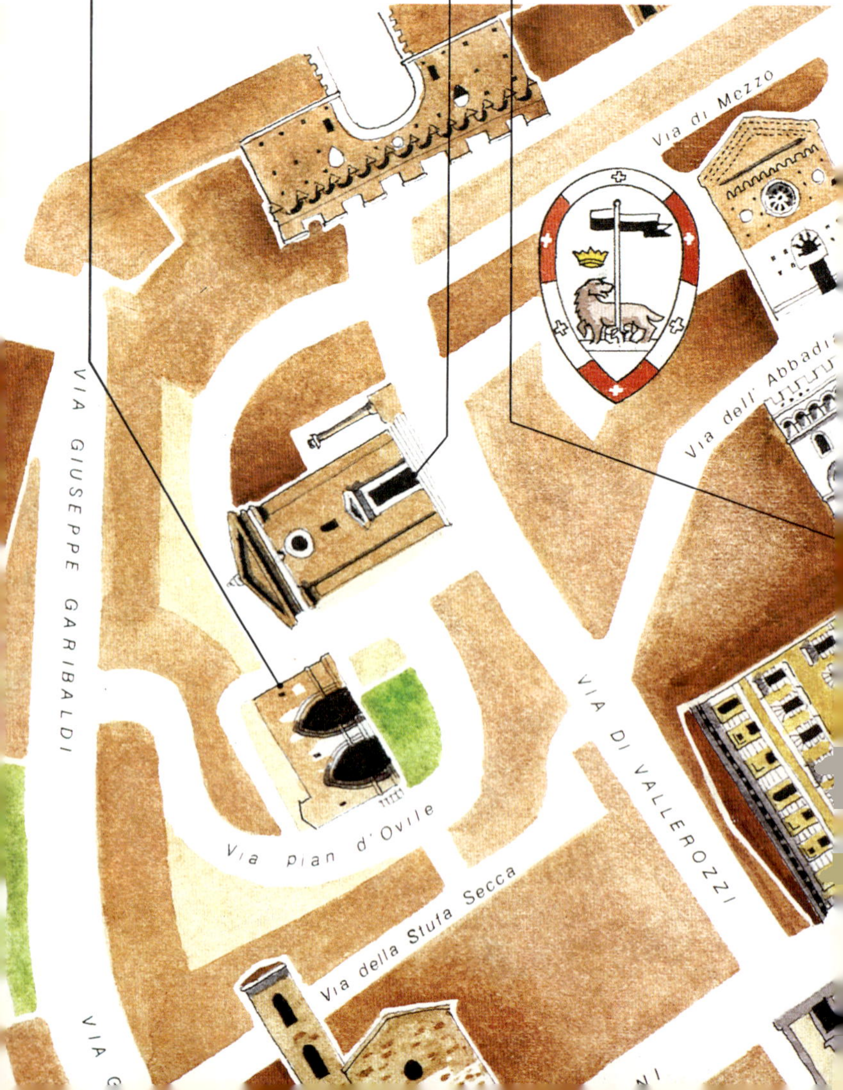

S. Donato
Die Kirche wurde ungefähr 1119 begonnen.

Palazzo Tolomei
Nachdem es 1341 wiederholt zu bewaffneten Auseinandersetzungen zwischen Mitgliedern der Familien Salimbeni und Tolomei gekommen war, entschlossen sich die Salimbeni, den Kampf zu beenden, indem sie die Gegenpartei zu einem Versöhnungsmahl einluden. Am Tisch sollten abwechselnd ein Salimbeni und ein Tolomei sitzen. Als der älteste Salimbeni sich erhob und sagte »Meine Kinder, jedem das Seine«, zog jeder Salimbeni ein Messer und ermordete den neben ihm sitzenden Tolomei. Die Gräber der Opfer dieses Hinterhalts befinden sich entlang einer Treppe in S. Francesco.

S. Cristoforo
Die 1720 erbaute Kirche gehört der *contrada* Civetta (»Eule«).

Palazzo Sansedoni
Das 1216 errichtete Gebäude wurde 1339 erweitert.

Il Campo
Das zwischen den drei *terzi* gelegene Feld war schon immer das »Herz der Stadt Siena«. Seine heutige Form erhielt es während der Zeit des »Rates der Neun«, der den *campo* zur Erinnerung an seine gute Regierungszeit in neun Streifen einteilte. Hier fanden Kämpfe, Aufstände und Stierkämpfe statt, und es ist der Austragungsort des Palio.

Fonta Gaia
Der »fröhliche Brunnen« ist eine im 19. Jh. gefertigte Kopie von Jacopo della Quercias 1409 – 19 entstandenem Original, das als eines der ersten Renaissancewerke gilt.

Palazzo Pubblico
Erbaut ab 1297 unter dem »Rat der Neun«. Der *Torre del Mangia* hat eine Höhe von 86 Metern und ist nach einem Glöckner benannt, der früher die Glocke *Sunto* in S. Maria Assunta läutete.

Treppenhaus
Sieneser Keramik
16.–18. Jh.

RAUM **2**

Bildergalerie

Deutsche, niederländische, italienische und Sieneser Werke des 16.–18. Jh.

RAUM **3**

Sala del Risorgimento

Die Sieneser Künstler Amos Cassioli und Cesare Maccari malten 1886 – 91 die sechs Fresken, auf denen Szenen von der Entstehung des modernen Italien zu sehen sind.

RAUM **4**

Sala di Balia

Spinello Aretino
Die 1407 entstandenen Fresken zeigen Szenen aus dem Leben des aus Siena stammenden Papstes Alexander III. und seinen Konflikt mit Kaiser Friedrich Barbarossa.

RAUM **5**

Vorzimmer

Holzskulpturen, Schreine usw.
Matteo di Giovanni
Madonna mit Kind und Engeln.

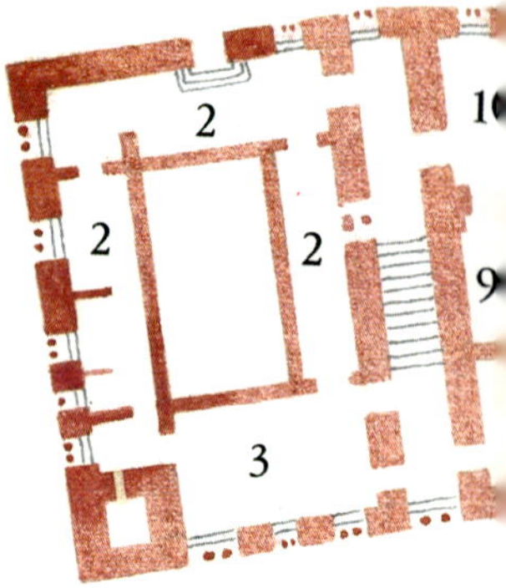

RAUM **6**

Sala del Concistoro

Bernardo Rossellino
Skulptierter Türrahmen
Beccafumi
Fresken: Tugenden
Drei Gobelins: Erde, Luft und Feuer.

RAUM **7**
Geschnitzte Wölfin mit den Zwillingen.

RAUM **8**

Taddeo di Bartolo

Fresken (1414): Tugenden, alte Römer und ein großer St. Christophorus.

RAUM **9**

Kapelle der Neun

Taddeo di Bartolo
Fresken (1408): Marienleben.

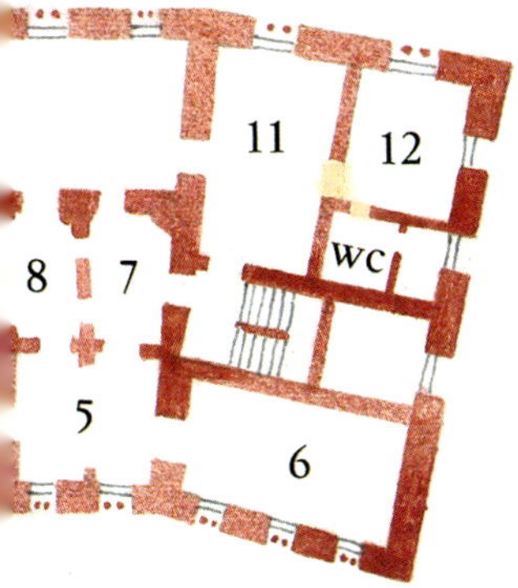

Sodoma
Heilige Familie mit dem hl. Leonhard.
Domenico di Niccolò
21 Chorstühle mit Reliefs der Glaubensartikel.

RAUM **10**

Sala del Mappamondo

Er erhielt seinen Namen von der nicht mehr existierenden Weltkarte des Lorenzetti.
Linke Wand:
Simone Martini
Maestà
Simone malte das Bild 1315, mußte es aber bereits sechs Jahre später wieder restaurieren, weil es feucht geworden war.
Rechte Wand:
Simone Martini (?)
Das Werk ist mit 1328 datiert und soll Guidoriccio da Fogliano auf dem Weg zur Belagerung von Montemassi zeigen. Experten glauben jedoch, daß es wesentlich später entstand; die Diskussion dauert noch an.
Unten Mitte:
Übergabe eines Schlosses an Siena.
An den Seiten:
Sodoma
Die Heiligen Ansano und Viktor.
Gegenüberliegendes Fenster:
Lippo di Vanni
Schlacht von Val di Chiana.
Francesco d'Andrea und Giovanni di Cristoforo Ghini
Schlacht von Poggio Imperiale.
Unten:
Die Heiligen Bernhard und Katharina.

RAUM **11**

Sala della Pace

Ambrogio Lorenzetti
Allegorie einer guten Herrschaft
Auswirkungen in der Stadt
Auswirkungen auf dem Land
Allegorie einer schlechten Herrschaft
Gemalt 1339 für den »Rat der Neun«.

RAUM **12**

Sala dei Pilastri

Neroccio di Bartolomeo
St. Bernhard auf dem Campo
Guido di Siena
Maestà.

Öffnungszeiten: 9.00 – 19.00; im Winter 9.00 – 18.00.

144 **Baptisterium**
Es wurde 1316 – 25 unter dem Dom erbaut und 1382 mit einer Fassade versehen. Die Fresken im Gewölbe und an den Apsiswänden malte Lorenzo di Pietro, den man auch Vecchieta nennt. Der sechseckige Taufstein wird auch heute noch benutzt. Er ist ein Werk von Jacopo della Quercia und wird von sechs Bronze-Basreliefs von ca. 1427 geschmückt: Die Taufe Christi und die Gefangennahme von Johannes dem Täufer schuf Lorenzo Ghiberti. Das Festmahl von Herodes stammt von Donatello. Geburt und Predigt Johannes' des Täufers schuf Giovanni di Torino, Zacharias ist ein Werk von Jacopo della Quercia.

Palazzo Chiqi Saracini
Das Gebäude stammt aus dem Jahre 1458. Hier ist die berühmte Accademia Musicale Chiqiana untergebracht. Alljährlich finden von Juli bis September Meisterkurse statt, denen so berühmte Künstler wie Segovia und Pablo Casals zu Gast waren und inmitten der Chiqi-Saracini-Kunstsammlung spielen.

Pinacoteca Nazionale
Der letzte Abkömmling der Familie Buonsignori stiftete das um 1440 entstandene Gebäude der Stadt für die Einrichtung der Nationalgalerie von Siena. In den 28 Räumen sind über 700 Bilder ausgestellt. Die Sammlung ist die beste mit Sieneser Werken.

Pinacoteca

Hier eine Auswahl der schönsten der 700 gezeigten Sieneser Bilder. Die Ausstellung ist chronologisch aufgebaut und beginnt im zweiten Stock. Öffnungszeiten: 9.00 – 14.00 (an Feiertagen 13.00).

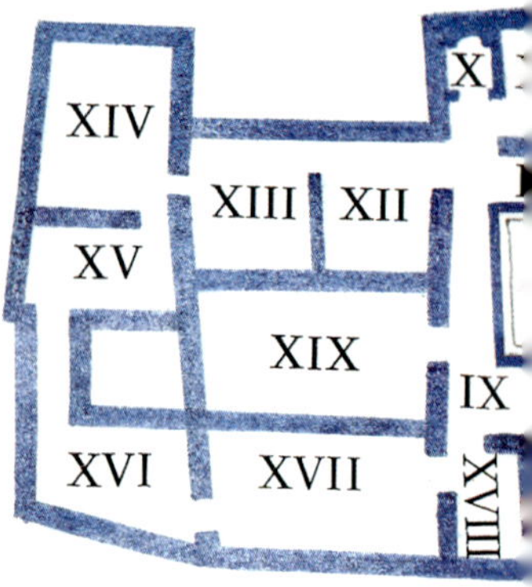

RAUM **I**

Altartuch
Der segnende Christus und sechs Szenen, entstanden 1215 und somit eines der ältesten Sieneser Bildwerke.

Guido da Siena
Tafelbild: Verklärung
Einzug in Jerusalem
Auferweckung des Lazarus.

RAUM **II**

Guido da Siena
Hl. Petrus und sechs Szenen
Madonna mit Kind (1262).

Sieneser Schule
Johannes der Täufer in zwölf Szenen.

RAUM **III**

Duccio
Madonna mit Kind und Heiligen.

Niccolò di Segna
Madonna della Misericordia.

Duccio
Madonna mit Kind und den Heiligen Augustus, Paulus, Petrus und Dominikus.

RAUM **IV**

Duccio
Madonna dei Francescani.

RAUM **V**

Bartolo di Fredi
Anbetung der Könige (um 1375).

RAUM **VI**

Simone Martini
Madonna mit Kind.
Lippo Memmi
Madonna mit Kind.

Maestro di Palazzo Venezia
Mystische Hochzeit der hl. Katharina von Alexandria.

RAUM **VII**

Ambrogio Lorenzetti
Triptychon: Madonna mit Kind und Heiligen (um 1330)
Stadt am Meer

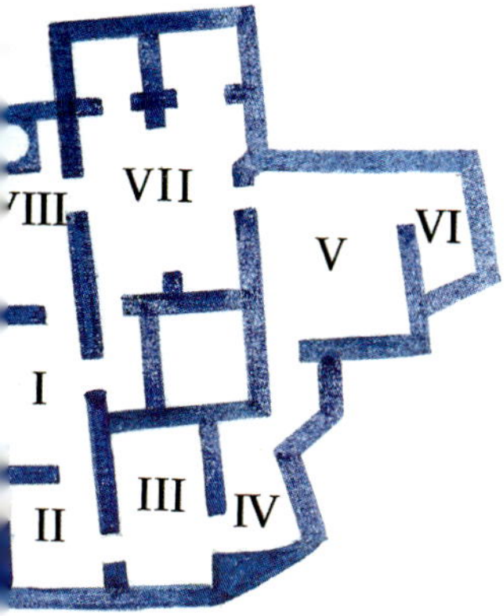

Schloß bei einem See (zwei der frühesten bekannten europäischen Landschaftsbilder)
Madonna mit Kind
Maestà
Verkündigung (signiert 1344).

Pietro Lorenzetti
Madonna mit Kind, St. Nikolaus von Bari und dem Propethen Elias
Altarbild der Karmeliter
Die Heiligen Agnes und Katharina.

Paoli di Giovanni Fei
Christi Geburt mit Heiligen.

RAUM **IX**

Domenico di Bartolo
Madonna mit Kind und Engeln (signiert 1433).

Michelino da Besozzo
Hochzeit der hl. Katharina von Alexandria mit Johannes dem Täufer und St. Anton Abbot.

RAUM **XIII**

Giovanni di Paolo
Jüngstes Gericht, Paradies und Inferno.

Sassetta
Letztes Abendmahl
St. Anton Abbot schlägt den Teufel

Giovanni di Paolo
Madonna der Umilità.

RAUM **XIV**

Matteo di Giovanni
Madonna mit Kind und Engeln.

Neroccio
Madonna mit Kind und Heiligen (um 1475).

Francesco di Giorgio Martini
Christi Geburt mit dem Erzengel Michael und dem hl. Bernhard (Triptychon).

RAUM **XVIII**

Sano di Pietro
Die Madonna empfiehlt Siena dem Papst Callisto III. (1456)
Madonna mit Kind und Heiligen (1444).

RAUM **XIX**

Francesco di Giorgio
Marienkrönung.

RÄUME **XXX–XXXIII**

Sodoma
Christi Geburt, Kreuzabnahme, Judith, Geißelung Christi.

S. Sebastiano
Die aus dem 16. Jh. stammende Kirche gehört der *contrada* Selva (»Wald«).

Palazzo Arcivesovile
Der Palast des Erzbischofs. Im Inneren befindet sich das berühmte Bild der stillenden Gottesmutter, die Madonna del Latte, ein Werk von Ambrogio Lorenzetti.

Spedale di S. Maria della Scala
Das Krankenhaus soll im 9. Jh. für Pilger gegründet worden sein. In der Halle der Pilger sieht man zehn aus dem 15. Jh. stammende Fresken, die die Unterstützung der Armen illustrieren. In der nahegelegenen Kirche befindet sich eine Bronzestatue des Auferstandenen von Vecchietta.

Museo dell'Opera Metropolitana
Das drei Stockwerke umfassende Museum befindet sich im Schiff der profanierten neuen Kathedrale. Untergeschoß: Skulpturen von der Domfassade von Giovanni Pisano und seiner Schule. Erster Stock: Werke von Duccio, zu denen eine Maestà von 1311 gehört. Zweiter Stock: Reliquienschreine und eine von Giovanni Pisano geschaffene Kreuzigung sowie die Madonna mit den großen Augen von ca. 1220.

Palazzo della Prefettura
Das im 15. Jh. errichtete Gebäude wurde im 16. Jh. von Buontalenti für die Medici verändert.

Il Duomo
S. Maria della Assunta

Am Dienstag, den 3. September 1260, versammelte sich eine riesige florentinische Armee, um Siena zu zerstören. Daraufhin erwählten die Bürger die heilige Jungfrau Maria zu ihrer Königin. Der Bischof führte eine große Prozession zum Dom. Dort legte er die Schlüssel der Stadt auf dem Marienaltar nieder und erflehte den Schutz der Jungfrau für das bedrängte Siena. Am folgenden Tag wagte ein zahlenmäßig weit unterlegenes Sieneser Heer den Angriff und schlug auf wundersame Weise die Florentiner vernichtend in der Schlacht von Montaperti.
Mit dem Bau des Doms hatte man 1196 am Platz einer Vorgängerkirche begonnen, wo noch viel früher möglicherweise ein Tempel der Minerva gestanden hatte. 1339 war der Bau so gut wie vollendet. Es stellte sich jedoch heraus, daß er für die stetig wachsende Bevölkerung von Siena viel zu klein war. So beschloß man, die größte Kathedrale von ganz Italien zu bauen. Der bereits bestehende Kirchenbau sollte dabei als Querschiff dienen. Die Arbeiten begannen, aber im Jahre 1348 fiel über die Hälfte der Sieneser der Pest, dem »Schwarzen Tod«, zum Opfer. Die Überlebenden entdeckten außerdem irreparable Fehler in der Gebäudekonstruktion. So einigte man sich darauf, die Bauarbeiten einzustellen.

Campanile
Er wurde 1313 vollendet.

First-Engel
1639 von Tommaso Redi geschaffen.

Die Mosaiken
Venezianische Werke von 1877.

Obere Fassade
Die gotische Arbeit entstand in der zweiten Hälfte des 14. Jh. Die Fenster umgeben Abbilder der vier Evangelisten, von Propheten und Patriarchen.

Untere Fassade
Die Arbeiten wurden 1285 von Giovanni Pisano und seinen Schülern begonnen. Viele der heute hier verbliebenen Statuen sind Kopien, die Originale stehen im Dommuseum.

Hl. Joachim und hl. Anna
Das Relief mit Szenen aus dem Leben der Eltern der hl. Maria über dem Hauptportal schuf Tino da Camaino im frühen 14. Jh.

Bronzetür
Eine moderne Arbeit von Enrico Manfrini (1958).

Der Fußboden

Sakristei
Zwei Bilder, die den hl. Bernhard bei Predigten in Siena zeigen.

Fußboden
Man begann 1373, und es dauerte über 6 Jahrhunderte, bis er fertiggestellt war.
1. Opfer Isaaks
2. Joshua im Kampf mit den Amoriterkönigen (1426)
3. Moses am Berg Sinai.

Kanzel
von Nicola Pisano (1267).
4. Moses gewinnt Wasser aus dem Felsen
5. Geschichte Judiths
6. Ermordung der unschuldigen Kinder
7. Vertreibung des Herodes.

Kapelle Johannes' des Täufers
Fresken von Pinturicchio.

Donatello
Bronzestatue von Johannes dem Täufer
Grab des Bischofs Pecci.

Piccolomini-Bibliothek
Sie wurde von Papst Pius III. zur Erinnerung an seinen Onkel, Papst Pius II., eingerichtet und birgt zahlreiche illuminierte Gesangbücher. Außerdem 10 Fresken von Pinturicchio mit Szenen aus dem Leben von Enea Piccolomini (Pius II.).

Die Sibyllen
Man nimmt an, daß die Sibyllen im Altertum das Kommen Christi voraussagten.

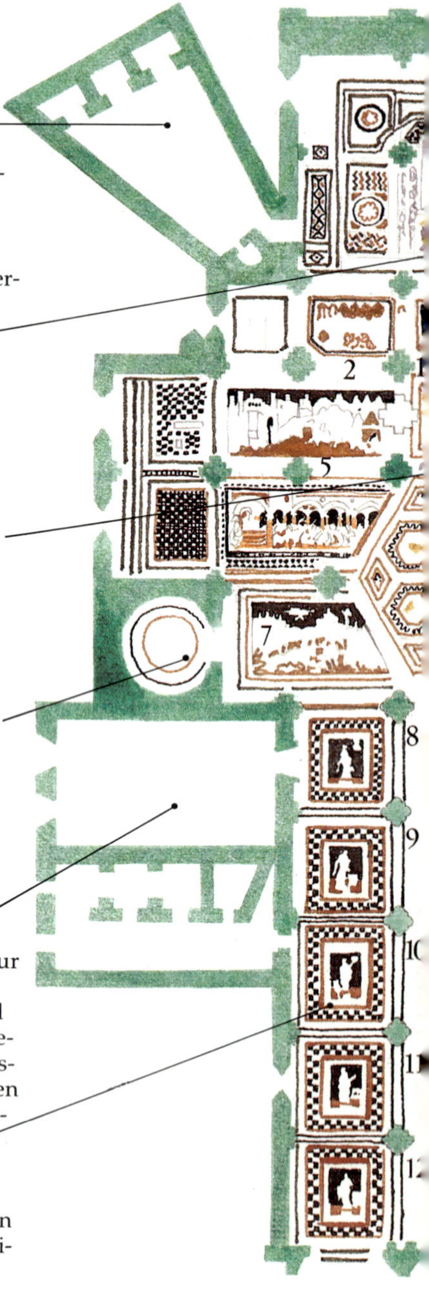

8. Albuneische Sibylle
9. Samianische Sibylle (1483)
10. Phrygische Sibylle
11. Hellespontische Sibylle
12. Libysche Sibylle
13. Die fünf Tugenden: Tapferkeit, Gerechtigkeit, Mitleid, Klugheit und Mäßigung
14. David mit seiner Schleuder
15. David der Psalmist
16. Goliath (1423)
17. Die Geschichte von Samson
18. Kaiser Sigismund und seine Minister (1434)
19. Der Tod Absaloms.

Zentrales Sechseck
Sieben Szenen aus dem Leben des Elias von Domenico Beccafumi (um 1524)

20. Die Geschichte von Jephthah.

Kapelle der Madonna del Voto
Die Einwohner von Siena legten insgesamt sechsmal die Schlüssel der Stadt vor diesem Bild nieder und baten um Hilfe. Erstmals kamen sie am Vorabend der Schlacht von Montaperti, zum letzten Mal im Juni 1944.

21. Das Glücksrad (älteste Arbeit, 1373)
22. Persische Sibylle
23. Allegorie des Hügels der Weisheit von Pinturicchio
24. Cumäische Sibylle
25. Kaiserlicher Adler
26. Delfische Sibylle
27. Sieneser Wölfin und andere toskanische Städtenamen
28. Cimmerianische Sibylle
29. Hermes Trismegistus bringt der östlichen und der westlichen Welt die Weisheit.
30. Eriträische Sibylle.

Palazzo Piccolomini delle Papese
Das Gebäude wurde für Caterina Piccolomini, die Schwester von Papst Pius II., errichtet.

S. Giovanni Battista
Seit 1788 ist dies die Kirche der *contrada* Aquila (»Adler«). Als Kaiser Karl V. 1536 der Stadt Siena einen freundlichen Besuch abstattete, erwählte diese *contrada* den Kaiserlichen Adler zu ihrem Wappentier. Wenige Menschen überlebten jedoch den Besuch, den die kaiserlichen Truppen der Stadt 1555 abstatteten.

S. Pietro alle Scale
Im Inneren befindet sich ein Gemälde der Rast in Ägypten von Rutilio Manetti (1621).

S. Giuseppe
Die im 16. Jh. erbaute Kirche gehört der *contrada* Onda (»Welle«) und besitzt eine 1653 von Benedetto Giovannelli geschaffene Fassade.

S. Agostino
Die Kirche ist dem Ortsheiligen Agostino Novello geweiht, der 1309 starb. In der Piccolomini-Kapelle befinden sich: Mord an den unschuldigen Kindern von Matteo di Giovanni; Madonna mit Kind und Heiligen von Ambrogio Lorenzetti; Triptychon von S. Agostino von Simone Martini (1330) und die Anbetung der Könige, ein Meisterwerk von Sodoma. In der Kirche sieht man außerdem eine Kreuzigung von Perugino.

Via della Diana
Dante machte sich in seinem »Fegefeuer« (XIII, 153) darüber lustig, daß die Bürger von Siena nach dem »Bett der Diana suchten«. Sie hatten in der Nähe des Platzes ein tiefes Loch gegraben, um so den Diana genannten Fluß anzapfen zu können, der ihrer Meinung nach unter ihrer Stadt floß. Wie die Göttin gleichen Namens war aber auch er eine Legende.

S. Antonio di Padova
Die *contrada* Tartuca (»Schildkröte«) errichtete diese Kirche im Jahre 1684. Im Brunnen auf der Straße können sich durstige Reisende laben.

S. Ansano

Palazzo Marsili

Oratorio della Madonna de Rosario

Das aus dem 18. Jh. stammende Gebäude ist Sitz der *contrada* Chiocciola (»Schnecke«). Die ewigen Straßenkämpfe dieser *contrada* mit der Tartuca verärgerten im 19. Jh. die Bürger von Siena derart, daß man durch einen Sondergottesdienst in der Kapelle auf dem Campo die Kampfhähne versöhnen wollte. Die Feindschaft blieb jedoch bis heute bestehen, und während des Palio brechen regelmäßig auch die alten Machtkämpfe wieder aus.

S. Lucia

Die Kirche der *contrada* Pantera (»Panther«).

Oratorio della Visitazione
Es wurde 1680 für die *contrada* Bruco (»Raupe«) errichtet.

S. Francesco
Die Franziskaner kamen 1326 hierher und vollendeten hundert Jahre später diese Basilika. Das Innere ist mit Fresken von Ambrogio und Pietro Lorenzetti geschmückt.

Oratorio di S. Bernardino
S. Bernardino von Siena, der auch als der »Prediger des Volkes« bekannt ist, lehrte oftmals hier. Seine Verdammung der Wucherei kann jedoch in einer

Stadt der Banken und Bankiers nicht sehr populär gewesen sein. Die Fresken im oberen Teil schuf Sodoma.

S. Maria di Provenzano
Eine Sünderin, die an einer unheilbaren Krankheit litt, betete 1594 zu einer hier aufgestellten Madonnenikone und wurde auf wunderbare Weise geheilt. Innerhalb eines einzigen Jahres errichtete man dem wundertätigen Bildnis diese Kirche.

S. Vigilio
Im 18. Jh. erneuert.

Archivo di Stato
Hier sind unter anderem das Testament Boccaccios und eine Reihe gebundener Rechnungsbücher der Stadt zu sehen. Öffnungszeiten: 9.00 – 14.00 (Sonntag 13.00).

S. Giovanni Battista della Staffa
Die 1563 errichtete Kirche gehört der *contrada* Leocorno (»Einhorn«).

Loggia del Papa
Sie wurde 1462 errichtet, als man die Ernennung des Sieneser Enea Silvio Piccolomini zum Papst Pius II. feierte. Als einziger Papst hinterließ er übrigens Gedichte, eine Novelle und eine Autobiographie.

S. Giorgio
Die Kirche entstand 1741 anstelle eines Vorgängerbaus.

S. Martino
Die Kirche entstand im Jahre 1537, die Fassade kam 1613 hinzu. Im Inneren sieht man Lorenzo Cinis Gemälde vom Sieg vor der Porta Camollia.

S. Giacomo
Die Kirche wurde 1531 anläßlich des Sieges über die Florentiner vor der Porta Camollia errichtet und gehört heute der *contrada* Torre (»Turm«). Im Museum daneben sind eine Reihe von Paliotrophäen ausgestellt, außerdem Sodomas Kreuzweg. Für Besichtigungen muß man sich vorher beim Prior anmelden.

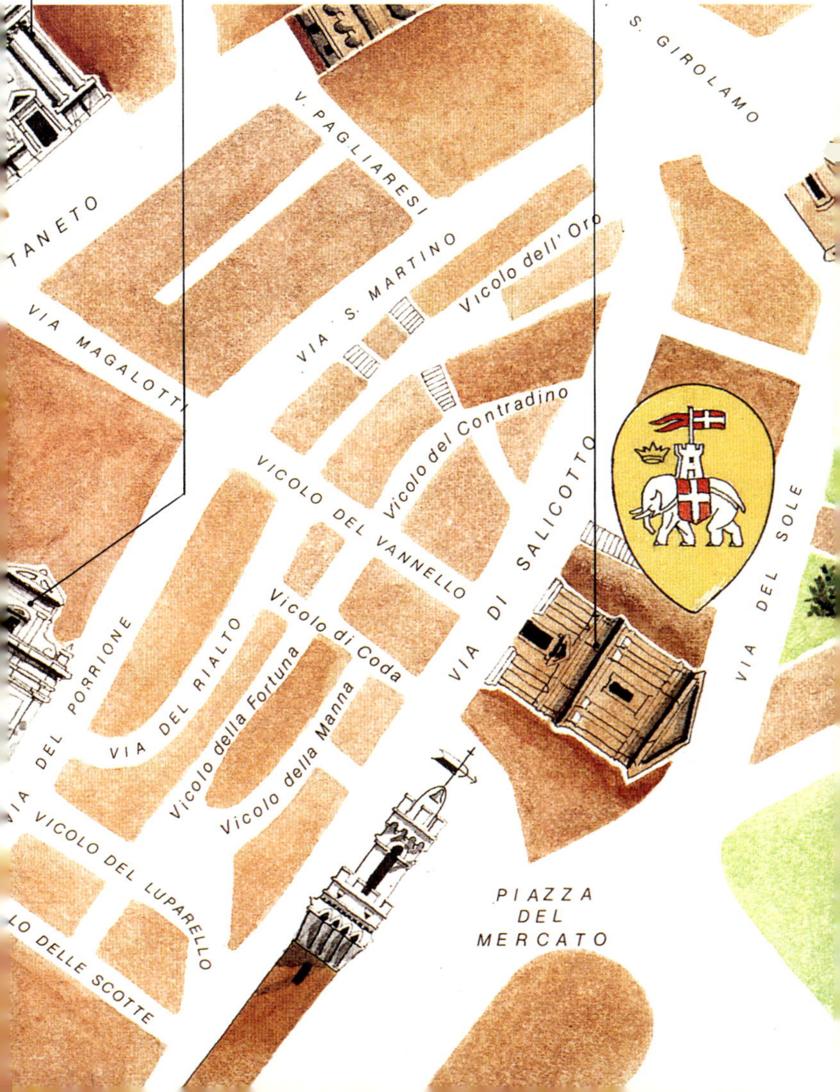

S. Spirito

Im Inneren der Kirche mit einem Portal von 1519 befinden sich ein Kruzifix von Sano di Pietro und Werke von Vanni und Sodoma.

Sodoma

1505 kam ein gewisser Giovanni Antonio Bazzi in Siena an, der sich einmal unter dem Namen Sodoma unter die berühmtesten Künstler der Stadt einreihen sollte. Vasari behauptet, er habe diesen Namen wegen seiner Homosexualität bekommen. Seine um 1531 abgefaßte Steuererklärung gibt jedoch einen ganz anderen Grund an: »Ich besitze einen Affen und einen Raben, der sprechen kann. Ich halte ihn in einem Käfig, damit er keinem Pfaffen das Reden beibringen kann… Außerdem

nenne ich drei wilde Tiere mein eigen, die Frauen sind, und habe dreißig erwachsene Kinder – eine wahrhaft stattliche Anzahl... Und da bereits zwölf Kinder einen Mann von der Steuerpflicht befreien, verbleibe ich mit den besten Empfehlungen. Leben Sie wohl.«

S. Gaetano
Die Kirche wurde von der *contrada* Nicchio (»Muschel«) erbaut.

S. Girolamo
Gegründet im 14. Jh.

S. Maria dei Servi
Hier befinden sich: Madonna del Bordone, ein Meisterwerk von Marcovaldo aus dem Jahr 1261; Madonna del Popolo von Lippo Memmi; Mord an den unschuldigen Kindern von Pietro Lorenzetti.

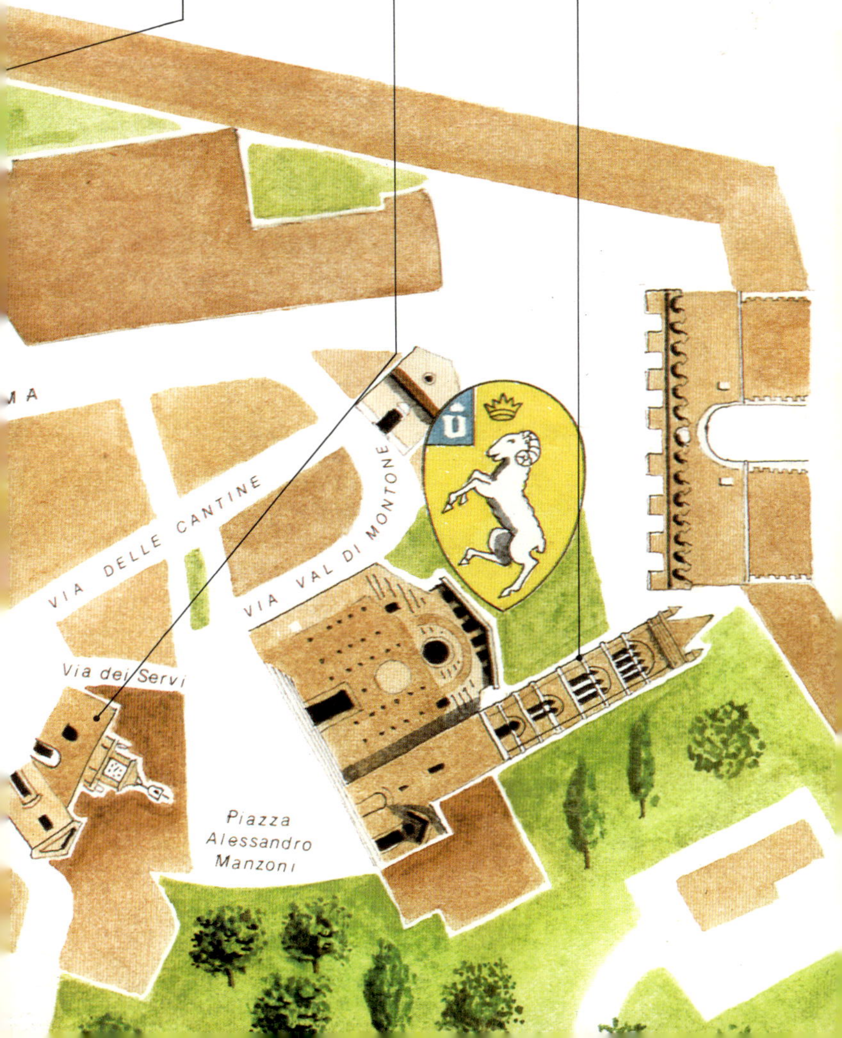

Restaurants

Tullio ai Tre Cristi
Vicolo Provenzano 1
Tel.: 28 06 08
Montag geschlossen.
AE
$$ + 14%

Guido
Vicolo Pettinaio
Tel.: 28 00 42
Montag geschlossen.
AE
$$ + 15%

L'Angolo
Via Garibaldi 15
Tel.: 28 92 51
Samstag geschlossen.
AE VISA
$$ + 10%

Grotta S. Caterina-da Bagoga
Via della Galluzza
Tel.: 28 22 08
Montag geschlossen.
$$

Mariotti-Da Mugolone
Via dei Pellegrini 8
Tel.: 28 32 35
Sonntagabend und Donnerstag geschlossen.
AE VISA

Nello la Taverna
Via del Porrione 28
Tel.: 28 90 43
Sonntagabend und Montag geschlossen.
AE E VISA
$$ + 13%

Il Campo
Piazza del Campo 50
Tel.: 28 07 25
Dienstag geschlossen.
AE E VISA
$$ + 12%

Al Mangia
Piazza del Campo 42
Tel.: 28 11 21
Montag geschlossen.
AE E VISA
$$$ + 12%

La Campane
Via delle Campane 6
Tel.: 28 40 35
Im November, Juli und August Sonntag, während der anderen Monate Montag geschlossen.
AE E VISA
$$ + 12%

Al Marsili
Via del Castoro 3
Tel.: 4 71 54
Montag geschlossen.
AE E
$$$ + 15%

Restaurants

Baldini
Via il Prato 96
Tel.: 28 76 63
Samstag geschlossen.
AE E VISA
$$

Gourmet
Via il Prato 68
Tel.: 29 47 66
Sonntag geschlossen.
AE
$$ + 15%

La Carrabaccia
Via Palazzuolo 190
Tel.: 21 47 82, nur Vorbestellungen
Sonntag, Montagmittag und im August geschlossen.
AE E VISA
$$

Del Carmine
Piazza del Carmine 18
Tel.: 21 86 01
September bis April Sonntag, während der anderen Monate Samstag geschlossen.
AE E VISA
$$

Drago Verde
Via del Leone 50
Tel.: 22 40 02
Sonntag und Samstagmittag geschlossen.
AE VISA
$$$ + 12%

Il Profeta
Borgo Ognissanti 93
Tel.: 21 22 65
Sonntag, Montag und im August geschlossen.
AE VISA
$$$ + 12%

Tredici Gobbi
Via Porcellana 9
Tel.: 29 87 69
Sonntag, Montag und im August geschlossen.
AE VISA
$$$ – 10%

Buca Lapi
Via del Trebbio 1
Tel.: 21 37 68
Sonntag und Montagmittag geschlossen.
AE VISA
$$$ + 12%

Buca Mario
Piazza Ottaviani 16
Tel.: 21 41 79
Mittwoch und Donnerstagmittag geschlossen.
AE VISA
$$$

Natale
Lungarno Acciaioli 80
Tel.: 21 39 68
Dienstag geschlossen.
E VISA
$$, Service extra

Restaurants

Harry's Bar
Lugarno Vespucci 22
Tel.: 29 67 00, nur Vorbestellungen
Sonntag geschlossen.
AE
$$$ + 16%

Cammillo
Borgo S. Jacopo 57
Tel.: 21 24 27
Mittwoch und Donnerstag geschlossen.
AE E VISA
$$$$

Mamma Gina
Borgo S. Jacopo 37
Tel.: 29 60 09
Sonntag geschlossen.
AE E VISA
$$$ + 12%

Le Quattro Stagione
Via Maggio 61
Tel.: 21 89 06, nur Vorbestellungen
Sonntag geschlossen.
AE VISA
$$

Bordino
Via Stracciatella 9
Tel.: 21 30 48
Sonntag geschlossen.
AE E VISA
$$

in Florenz

Paolo
Via dei Tavolini 12
Tel.: 21 62 15
Dienstag geschlossen.
$$ + 12%

Il Cavallino
Via delle Farine 6
Tel.: 21 58 18
Dienstagabend und Mittwoch geschlossen.
$$ + 12%

Antico Fattore
Via Lambertesca 1
Tel.: 26 12 15
Sonntag und Montag geschlossen.
$$

Da Dante
Via delle Terme 23
Tel.: 29 45 66, nur Vorbestellungen
Sonntag und Montagmittag geschlossen.
$$$$

Celestino
Piazza S. Felicità 4
Tel.: 29 65 74
Sonntag und Montag geschlossen.
$$$ + 12%

Restaurants

Giannino in S. Lorenzo
Borgo S. Lorenzo 35–37
Tel.: 21 22 06
AE VISA
$$ + 13%

Croce di Trebbio
Via delle Belle Donne 49
Tel.: 28 70 89
Montag geschlossen.
AE E VISA
$

Il Paiolo
Via del Corso 42
Tel.: 21 50 19
Sonntag geschlossen.
AE
$$$ + 12%

Il Cestello di Hotel Excelsior
Piazza Ognissanti 3
Tel.: 29 43 01
Panoramablick
$$$$$

La Posta
Via de' Lamberti 20
Tel.: 21 27 01
Dienstag geschlossen.
AE E VISA
$$$ + 13%

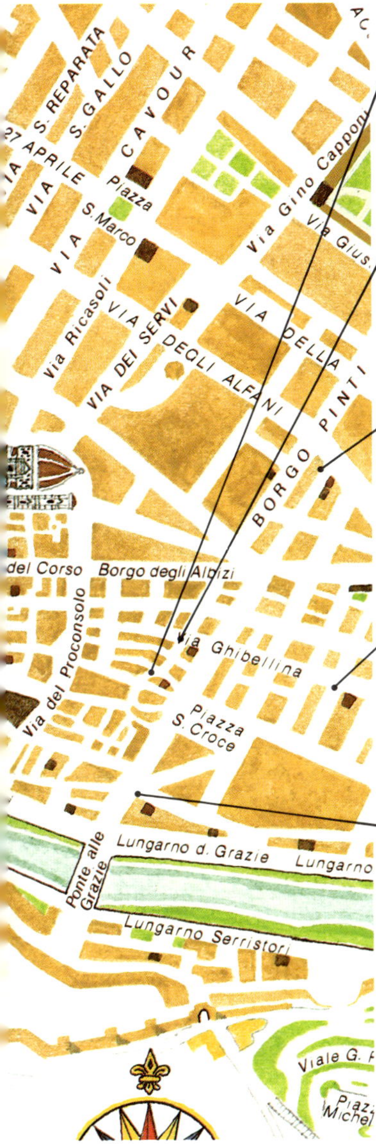

Leo in S. Croce
Via Torta 7
Tel.: 21 08 29
Montag geschlossen.
AE E VISA
$$ + 12%

Enoteca Pinchiorri
Via Ghibellina 87
Tel.: 24 27 77, Vorbestellungen erwünscht.
Sonntag und Montagmittag geschlossen.
$$$$$ + 12%

Da Noi
Via Fiesolana 46
Tel.: 24 29 17, nur Vorbestellungen
Sonntag und Montag geschlossen.
$$$

Dino
Via Ghibellina 51
Tel.: 14 14 52
Sonntagabend und Montag geschlossen.
AE E VISA
$$ + 12%

Il Fagioli
Corso Tintori 47
Tel.: 24 42 85
Sonntag (im Sommer auch Samstag) und im August geschlossen.
$$

Hotels

Grand Hotel Villa Patrizia
Via Fiorentina 58
Tel.: 5 04 31, Telex: 574 366
33 Zimmer
AE · Diners · E · VISA
☆☆☆

Park Hotel
Via di Marciano 18
Tel.: 4 48 03; Telex : 571 005
69 Zimmer; Gebäude des 15. Jh. in einem Park.
AE · Diners · E · VISA
☆☆☆☆

Garden
Via Custoza 2
Tel.: 4 70 56; Telex 574 239
64 Zimmer; Swimmingpool
AE · Diners · VISA
☆☆☆

Castagneto
Via dei Cappucchini 39
Tel.: 4 51 03
11 Zimmer; kein Restaurant.
☆☆☆

Lea
Viale 24 Maggio 10
Tel.: 28 32 07
13 Zimmer
☆☆

Chiusarelli
Viale Curtatone 9
Tel.: 28 05 62
50 Zimmer
☆☆☆

in Siena

Villa Scacciapensieri
Via di Scacciapensieri 10
Tel.: 4 14 42, Telex: 573 390
27 Zimmer; Garten; Swimming-pool
AE, Diners, E, VISA
☆☆☆☆

Minerva
Via Garibaldi 72
Tel.: 28 44 74
49 Zimmer
AE, Diners, E, VISA
☆☆

Jolly Excelsior
La Lizza
Tel.: 28 84 48; Telex: 573 345
126 Zimmer
AE, Diners, E, VISA
☆☆☆☆

Duomo
Via Stalloreggi 38
Tel.: 28 90 88
14 Zimmer
AE, VISA
☆☆

Certosa di Maggiano
Strada di Certosa 82
Tel.: 28 81 80; Telex: 574 221
14 Zimmer; Klosterbau des 14. Jh. mit Garten; Swimming-pool
AE, Diners, E, VISA
☆☆☆☆

Palazzo Ravizza
Piano dei Mantellini 34
Tel.: 28 04 62
28 Zimmer. Gebäude des 17. Jh. mit Garten.
AE, Diners, E, VISA
☆☆☆

Hotels

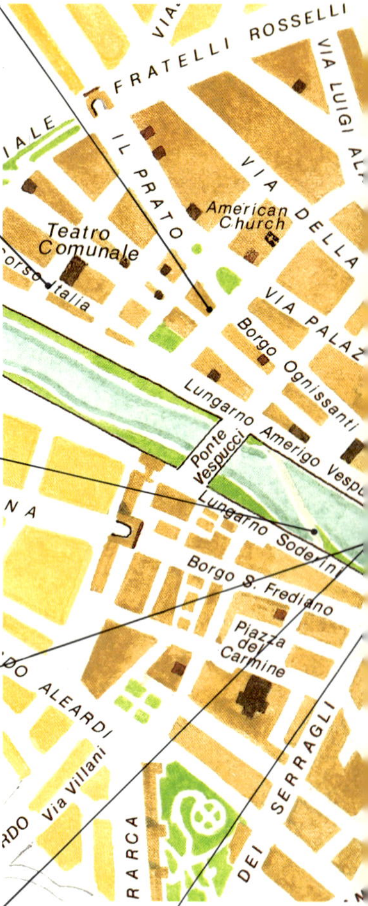

Villa Medici
Via il Prato 42
Post 50123; Tel.: 26 13 31;
Telex: 570 179
107 Zimmer; Swimmingpool
AE E VISA
☆☆☆☆☆

Michelangelo
Via Fratelli Rossi 2
Post 50123; Tel.: 27 87 11;
Telex: 571 113
138 Zimmer
AE E VISA
☆☆☆☆

Grand Hotel
Piazza Ognissanti 1
Post 50123; Tel.: 6 81 38 61;
Telex: 570 055
Dachgarten-Restaurant
AE E VISA
☆☆☆☆☆

Excelsior
Piazza Ognissanti 3
Post 50123; Tel.: 26 42 01;
Telex: 570 022
205 Zimmer, Restaurant im Obergeschoß, schöne Aussicht
AE E VISA
☆☆☆☆☆

Grand Hotel Minerva
Piazza S. Maria Novella 16
Post 50123; Tel.: 28 45 55;
Telex: 570 414
107 Zimmer; Swimmingpool
AE E VISA
☆☆☆☆

Croce di Malta
Via della Scala 7
Post 50123; Tel.: 21 83 51;
Telex: 570 540
98 Zimmer, Swimmingpool
AE E VISA
☆☆☆☆

Majestic
Via del Melarancio 1
Post 50123; Tel.: 26 40 21;
Telex: 570 628
104 Zimmer
☆☆☆☆

Pullman Astoria
Via del Ciglio 9
Post 50123; Tel.: 29 80 95;
Telex: 571 070
90 Zimmer
☆☆☆☆

De la Ville
Piazza Antinori 1
Post 50123; Tel.: 26 18 05;
Telex: 570 518
75 Zimmer
☆☆☆☆

Savoy
Piazza della Repubblica 7
Post 50123; Tel.: 28 33 13;
Telex: 570 220
101 Zimmer
☆☆☆☆☆

Lungarno
Borgo S. Jacopo 14
Post 50125; Tel.: 26 42 11;
Telex: 570 129
71 Zimmer
☆☆☆☆

Baglioni
Piazza Unità Italiana 6
Post 50123; Tel.: 21 84 41;
Telex: 570 225
195 Zimmer; Restaurant
☆☆☆☆

Hotels

Londra
Via Jacopo da Diacceto 16
Post 50123; Tel.: 26 27 91;
Telex: 571 152
105 Zimmer
AE E VISA
☆☆☆☆

Montebello Splendid
Via Montebello 60
Post 50123; Tel.: 29 80 51;
Telex: 574 009
37 Zimmer
AE E VISA
☆☆☆☆

Anglo American
Via Garibaldi 9
Post 50123; Tel.: 28 21 14;
Telex: 570 289
107 Zimmer
AE E VISA
☆☆☆☆

Kraft
Via Solferino 2
Post 50123; Tel.: 28 42 73;
Telex: 571 523
66 Zimmer, Dachgarten-Restaurant und Swimmingpool
AE E VISA
☆☆☆☆

Principe
Lungarno Vespucci 34
Post 50123; Tel.: 28 48 48;
Telex: 571 400
20 Zimmer
☆☆☆☆

Beacci Tornabuoni
Via Tornabuoni 3
Post 50123; Tel.: 26 83 77
31 Zimmer
AE VISA
☆☆☆

Aprile
Via della Scala 6
Post 50123; Tel.: 21 62 37
29 Zimmer
AE E VISA
☆☆☆

Milano Terminus
Via de Cerrentani 10
Post 50123; Tel.: 28 33 72;
Telex: 580 515
82 Zimmer
AE E VISA
☆☆☆☆

Calzaiuoli
Via Calzaiuoli 6
Post 50122; Tel.: 12 24 56;
Telex: 580 589
37 Zimmer
AE
☆☆☆

Della Signoria
Via delle Terme 1
Post 50123; Tel.: 21 45 30;
Telex: 571 561
27 Zimmer
AE E VISA
☆☆☆☆

Augustus
Piazetta dell'Oro 5
Post 50123; Tel.: 28 30 54;
Telex: 570 110
67 Zimmer
AE E VISA
☆☆☆☆

Pitti Palace
Via Barbadori 2
Post 50125; Tel.: 28 22 57
40 Zimmer
AE VISA
☆☆

Hotels

Pierre
Via de' Lamberti 5
Post 50123; Tel.: 21 75 12;
Telex: 573 175
39 Zimmer
AE VISA
☆☆☆☆

Hermitage
Vicolo Marzio, 1 Piazza del Pesce
Post 50122; Tel.: 28 72 16
19 Zimmer
VISA
☆☆☆

Continental
Lungarno Acciaiuoli 2
Post 50123; Tel.: 28 23 92;
Telex: 580 525
61 Zimmer; Aussichtsterrasse
AE E VISA
☆☆☆

Fiorino
Via Osteria del Guanto 6
Post 50122; Tel.: 21 05 79
23 Zimmer
☆☆

Balestri
Piazza Mentana 7
Post 50122; Tel.: 21 47 43;
50 Zimmer
AE VISA
☆☆☆

Silla
Via de' Renai 5
Post 50125; Tel.: 2 34 28 88
29 Zimmer
AE E VISA
☆☆

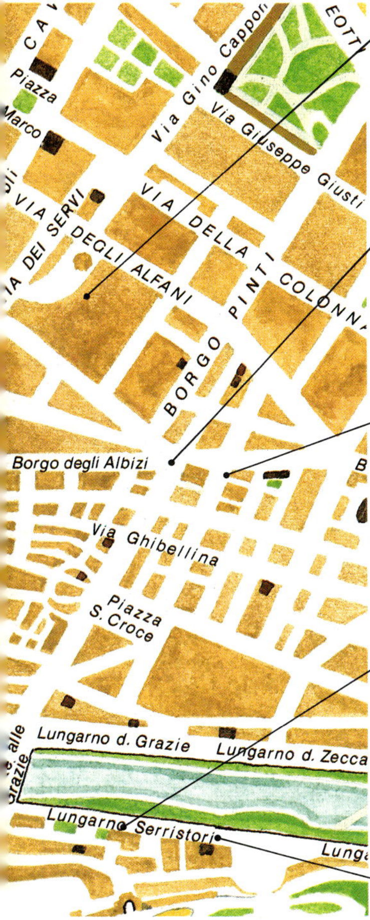

Loggiato dei Serviti
Piazza SS. Annunziata 3
Post 50122; Tel.: 21 91 65
17 Zimmer
AE E VISA
☆☆☆

Mona Lisa
Borgo Pinti 27
Post 50123; Tel.: 2 47 97 51
20 Zimmer
AE VISA
☆☆☆☆

Ariston
Via Fiesolana 40
Post 50122; Tel.: 2 47 69 80;
Telex: 571 603
26 Zimmer
AE E VISA
☆☆

Jennings Riccioli
Lungarno delle Grazie 2
Post 50122; Tel.: 24 47 51
50 Zimmer; Pension mit E. M. Forsters »Zimmer mit Aussicht«.
AE E VISA
☆☆☆

Plaza Hotel Lucchesi
Lungarno Zecca Vecchia 38
Post 50122; Tel.: 26 41 41;
Telex: 570 302
97 Zimmer
AE E VISA
☆☆☆☆

San Remo
Lungarno Serristori 13
Post 50125; Tel.: 2 34 28 23
19 Zimmer
AE E VISA
☆☆

Veranstaltungen

JANUAR

Florenz

Die Opernsaison im Teatro Comunale dauert bis Mitte des Monats.

1°–9°C

FEBRUAR

Florenz

In der Woche vor Aschermittwoch feiert man Karneval.

2°–11°C

MÄRZ

Florenz

International bekannte Modeschöpfer führen ihre Kollektionen im Sala Bianca (Palazzo Pitti, Raum 15, S. 43) oder im Palazzo della Esposizione in der Fortezza de Basso (S. 50) vor.

4°–11°C

7°–20°C

APRIL

Florenz

Am Ostersonntag werden Feuerwerkskörper auf einem Karren vor dem Dom zu Mittag von einer »Taube« entzündet, die an einem Draht vom Hochaltar herabschwebt. Herrliche Blumengestecke schmücken die Piazza della Signoria. Eine Handwerksausstellung findet in der Fortezza de Basso statt.

11°–23°C

MAI

Florenz

Auf der Piazza Michelangelo findet das alljährliche Iris-Festival statt, das das Stadtwappen, die »Lilie von Florenz« *(Iris florentina)* ehren soll.
Bis zum Ende des Monats dauert das *Maggio Musicale* mit Opern-, Ballett- und Konzertveranstaltungen. In der Cascine verkauft man am Himmelfahrtstag Zikaden.

14°–28°C

JUNI

Fiesole

In diesem Monat beginnt die *Estate Fiesolana*, deren Konzert-, Ballett- und Theateraufführungen sich bis September hinziehen.

Florenz

Der Namenstag von Johannes dem Täufer (24. Juni) wird mit Feuerwerken und einem Fußballspiel nach Art des 16. Jh. auf der Piazza della Signoria gefeiert.

Veranstaltungen

JULI

Siena

Am 2. Juli findet der erste Palio statt. Ihm gehen Proben und eine große Prozession voraus. Das Sommerfestival der Accademia Musicale Chigiana, das bis September dauert, beginnt.

17°–31°C

AUGUST

Siena

Am 16. August feiert man mit dem zweiten Palio das Fest Mariä Himmelfahrt.

16°–31°C

SEPTEMBER

Greve

In der ersten Septemberwoche findet der Chianti-Classico-Weinmarkt statt.

Florenz

Am Vorabend von Mariä Geburt (7. September) ziehen Kinder mit Papierlaternen durch die Straßen und feiern so die *Fiesta delle Rificolone* (Laternen).

14°–27°C

OKTOBER

Florenz

Im Palazzo Pitti findet eine Modenschau mit Winterkollektionen statt. In unregelmäßigen Abständen findet im Palazzo Strozzi eine Antiquitätenmesse statt.

10°–20°C

NOVEMBER

Florenz

Die Konzert-Hauptsaison, die bis Mitte Dezember dauert, beginnt im Teatro Comunale.

5°–14°C

DEZEMBER

Florenz

Die Opernsaison, die bis Mitte Januar dauert, wird im Teatro Comunale eröffnet.

2°–10°C

Notfall

113
Polizei
Feuerwehr
Ambulanz

Die Nummer ist gebührenfrei. Man muß angeben, welchen Notdienst man benötigt.

Ambulanz
Erste Hilfe
21 22 22

Ärztlicher Nachtdienst
47 78 91

Polizei
Carabinieri
(Notfall) 1 12
Vigili Urbani 29 20 12
Questura 4 97 71
Eisenbahnpolizei 21 22 96

Fluglinien
Lufthansa 26 28 90
Via Pellicceria 6
Alitalia 26 30 51
(Reservierungen) 27 88
10 – 12 Lungarno Acciaioli
British Airways 21 86 55
36 – 38 Via della Vigna Nuova
Pan Am 28 27 16
4 Lungarno Acciaioli
TWA 28 46 91
Piazza S. Trinita 1

Straßendienst
Pannenhilfe 1 16

Florenz

Konsulate
Belgien 28 20 94
Bundesrepublik Deutschland 29 47 22
Dänemark 21 10 17
Frankreich 21 35 09
Großbritannien 28 41 33
Monaco 58 78 97
Niederlande 47 52 49
Norwegen 2 28 03 16
Österreich 2 13 52
San Marino 21 08 64
Schweden 29 68 34
Schweiz 22 24 34
Spanien 21 21 73
USA 29 82 76

Fundbüro
19 Via Cicondaria 36 79 43
Für in Taxis verlorene Gegenstände sind die Vigili Urbani zuständig.

Reiseinformationen
Eisenbahn 27 87 85
Flughafen Pisa (0 50) 2 80 88
Straßenbericht 06 42 12

Postamt
53 – 55 Via Pietrapiana

American Express
49 Via de' Guicciardini

Touristeninformation
15 Via Tornabuoni

Bibliographie

Acton, Harold & Chaney, Edward, Hrsg., Florence, a Traveller's Companion. 1986.
Avery, Charles, Florentine Renaissance Sculpture. 1970.
Bentley, James, A Guide to Tuscany. 1987.
Berenson, Bernard, The Italian Painters of the Renaissance. 1930.
Blauer Führer Nord- und Mittelitalien. 8. Ausg., 1984.
Borsook, Eve, The Companion Guide to Florence, 5. Ausg. 1988.
Brucker, Gene A., Florenz, Stadtstaat, Kulturzentrum, Wirtschaftsmacht. 1984.
Cagliaritano, Ubaldo, The History of Siena. 1986.
Cellini, Benvenuto, Autobiographie (1728).
Chamberlain, E. R., The World of the Italian Renaissance.
Clark, Kenneth, The Florence Baptistery Doors. 1980.
David, Elizabeth, Italian Food. 1954, neue Ausg. 1987.
Ferragamo, Salvatore, Shoemaker of Dreams. 1957.
Hale, J. R., Florence and the Medici. 1977.
Hale, J. R., Hrsg., Concise Encyclopaedia of the Italian Renaissance. 1981.
Hay, Dennys, The Italian Renaissance. 2. Aufl. 1977.
Hibbert, Christopher, The Rise and Fall of the House of the Medici. 1979.
Higson, John W., A Historical Guide to Florence. 1973.
Guide Bleu Florence. 4. Ausg. 1988.
Knaurs Kulturführer Florenz und Toskana. 1983.
McCarthy, Mary, The Stones of Florence and Venice observed. 1972.
McCarthy, Mary, Florenz. 1983.
Meuth, Martina, Neuner-Duttenhofer, Bernd, Toskana, Küche, Land und Leute. 1987.
Michelin-Führer Italien.
Origo, Iris, The Merchant of Prato. Neue Ausg. 1963.
Origo, Iris, Im Namen Gottes und des Geschäfts. Lebensbild eines toskanischen Kaufmanns der Frührenaissance, Francesco di Marco Datini. 1986.
Plumb, J. H., The Pelican Book of the Renaissance. 1982.
Raison, Laura, Hrsg., Tuscany: An Introduction. 1986.
Ray, Cyril, The Wines of Italy. 1966.
Romer, Elizabeth, The Tuscan Year. 1984.
Root, Waverley, The Cooking of Italy. 1969.
Ross, Janet, The Lives of the Early Medici as told in their Correspondence. 1910.
Vasari, Giorgio, Lebensgeschichten der berühmtesten Maler, Bildhauer und Architekten der Renaissance. 1985.
Vasari, Giorgio, Lebensläufe der berühmtesten Maler, Bildhauer und Architekten. 1985.
Wassermann, Sheldon and Pauline, Italy's Noble Red Wines. 1986.

Register

Notfall
Siena

113
Polizei
Feuerwehr
Ambulanz

Die Nummer ist gebührenfrei. Man wird gefragt, welchen Notdienst man benötigt.

Postamt

Enoteca Italica
Eine Dauerausstellung über italienische Weine. Besuch nur nach Vereinbarung. Die Bar ist jedoch täglich geöffnet.